萨特传

何艳芬 ◎ 著

时代文艺出版社

图书在版编目（CIP）数据

萨特传 / 何艳芬著. —长春：时代文艺出版社，2012.4（2021.5重印）
（诺贝尔奖获奖者传记丛书）
ISBN 978-7-5387-3917-6

Ⅰ.①萨… Ⅱ.①何… Ⅲ.①萨特，J.P.（1905～1980）－传记 Ⅳ.①K835.655.1

中国版本图书馆CIP数据核字（2011）第272868号

出 品 人　陈　琛
责任编辑　孟　婧
助理编辑　史　航
装帧设计　孙　利
排版制作　隋淑凤

本书著作权、版式和装帧设计受国际版权公约和中华人民共和国著作权法保护
本书所有文字、图片和示意图等专有使用权为时代文艺出版社所有
未事先获得时代文艺出版社许可
本书的任何部分不得以图表、电子、影印、缩拍、录音和其他任何手段
进行复制和转载，违者必究

萨特传

何艳芬　著

出版发行 / 时代文艺出版社
地址 / 长春市福祉大路5788号　龙腾国际大厦A座15层　邮编 / 130118
总编办 / 0431-81629751　发行部 / 0431-81629755
官方微博 / weibo.com / tlapress　天猫旗舰店 / sdwycbsgf.tmall.com
印刷 / 保定市铭泰达印刷有限公司
开本 / 710mm×1000mm　1 / 16　字数 / 140千字　印张 / 12
版次 / 2013年1月第1版　印次 / 2021年5月第3次印刷　定价 / 39.80元

图书如有印装错误　请寄回印厂调换

授奖辞
Award-winning Remarks

其著作将极具洞察力的叙述与不为世俗左右的探索融为一体,是驱策我们从扭曲的历史中探寻真实的动力。

——诺贝尔奖委员会

目录 Contents

序言　他人即地狱 / 001

第一章　阿尔萨斯的童年
 1．父亲之死 / 002
 2．母亲的苦难 / 006
 3．外祖父的"神殿" / 009
 4．天才入学 / 014
 5．继父 / 019

第二章　学习与探索
 1．巴黎高等师范学院 / 026
 2．亲爱的海狸 / 030
 3．哲学与文学的结合 / 035
 4．去柏林深造 / 039
 5．三重奏 / 042

第三章　战争时期
 1．选择 / 048
 2．死亡的考验 / 052
 3．《恶心》 / 057

4．应征入伍 / 063

5．在战俘营的日子 / 068

第四章　介入社会生活

1．存在主义是一种人道主义 / 074

2．戏剧和小说 / 077

3．嫉妒·反抗 / 083

4．他人即地狱 / 087

5．创办《现代》杂志 / 091

6．迷途 / 094

第五章　自由之路

1．一部好戏上演 / 102

2．魔鬼与上帝 / 108

3．同路人 / 112

4．匈牙利事件 / 117

5．哲学巨著问世 / 120

6．拒领诺贝尔文学奖 / 123

第六章　造反有理

1．反对美国侵略越南 / 128

2．养女与情人 / 131

3．五月风暴 / 134

4．母亲故去 / 137

第七章　与病摩抗争

1．疾病折磨 / 142

2．写不完的福楼拜 / 148

3．一个埋葬前的复兴 / 151

4．放纵的爱 / 156

5．陨落的明星 / 161

附 录

萨特生平 ／ 168
拒领诺贝尔奖的声明 ／ 170
获奖时代背景 ／ 173
萨特年表 ／ 175
获奖当年世界大事记 ／ 180

序言

他人即地狱

　　几个世纪以来，在法国的作家中，我们都会发现这么一些出类拔萃的天才。18世纪，出了一个卢梭；19世纪，出了雨果；20世纪，轰动文坛的是一个地地道道的巴黎人，名叫萨特。萨特被人们视为存在主义哲学家和文学家，他的学说对整个欧美思想文化界产生过极其深远的影响，属于里程碑式的人物。

　　由于萨特幼年丧父，他的童年是与教德语的外祖父一起度过的，外祖父对萨特的教育倾注了很多的精力，让萨特从小就培养了不俗的文学品位，为他日后的文学素养奠定了深厚的基础。加上萨特是一个天分极高的人，并且工作非常勤奋，总是锲而不舍。据说在他写作或阅读时，总是坐在一张硬的椅子上，从不坐有扶手的安乐椅，也不会半躺在床上看书。甚至，他为了获得写作的灵感，还服用大量的迷幻药剂。

　　在34岁时，他就写就了20世纪最重要的小说之一——《恶心》。这部小说总结和体现了萨特这段时期的生活和思想，他关注人类在失去上帝的庇佑后，在宇宙中所处的荒诞境地。然而，人们发现个人的存在，并没有深刻的理由，或某些超验的意义。人们发现：人，只是被偶然抛入到这个世界中的。这就是萨特存在主义的基本观点之一。然而，又有谁，能够永远去直面孤独，谁人能够在荒谬的体验中度其一生？即使是主人公洛根丁也不能够，小说中，他也在与现实进行搏斗。这是萨特对一个被宰制的外部世界的荒谬和恶心感的呼喊，他关于自由的独特哲学见解、"他人即地狱"、"存在主义是一种人道主义"的有力呼声，对当时的年轻知识分子来说，具有非凡的魅力。

　　随着思想的日渐成熟，萨特卷入了各种路线的文化争端与政治斗争中，他凭借着自己的声望与才华，在具体的事件与极左思潮中，全身心"介入"其中。对命运，他很早就看透了真相，他认为，人生是没有意义的，人生是一场悲剧，但我们又不必耽迷于此。萨特自有他的解决方案，那就是："存在先于本质"。自从频繁加入了关于正义的社会活动后，他便身体力行做一个主动积极的人，并且不断地选择：是做英雄，还是做懦夫；他还不断地行动：为个人所作的选择，承担责任和后果，因为人，就是被自己如此造就的。借此，萨特早就注定了要进入"不朽者"的伟大行列。

　　在萨特一生中，有另一个战场，那就是女人。萨特与他一起走过来的同学西蒙·波伏娃，结成终身的情侣。他们一生都没有结婚，然而，彼此早已成为精神依靠，超越了一纸婚姻形式。萨特对爱的理解，无疑，让人们在感性世界里，又开辟了一个全新的思考角度。爱是统一万物的原则吗？他说："我与女人的关系一直很好，因为狭义的性关系更容易使主观和客观一起被给与与一个女人的关系。即便你不和她睡觉，也比与一个男人的关系要丰富——如果你和她睡过觉，或者你本可以这样做，那么你与她的关系，就更丰富了。首先有一种语汇，不是语言，而是手和肢体的语汇，面部表情的语汇。至于狭义的性语汇，我且不说。我说语言本身，当你处于一种爱情关系中，并使用它的时候，它便发自内心最深处，发自性器官，这种交融，使我们自己整个人都交出来了。"

海德格尔说：人与世界的关系，首先不是认识世界，也不是改造世界，而是"人在世存在"。也就是说，首先，人是这个世界上的一个确凿无疑的存在者。那么，人究竟是何种存在者呢？海德格尔说，人都是孤独存在的；海德格尔特地用了"畏死"来告诉大家，人们在畏惧死亡的时候，就会深切地体会到，人们的存在都是自己的事，谁也替代不了谁，从这个意义上讲，每个人都是自由的。

萨特便是从这里接着阐述下去的：人到底怎样存在，这都是人自己选择的结果。人首先是存在于这个世界的，然后，人自由的选择、人的行为，就决定了人的本质，所以萨特说"存在先于本质"。

如此说来，人的本质，就是个人自由选择的一个结果，又或者说，就应该是自由选择的结果。然而，萨特认为，我们在现实生活中，往往会身不由己，这个阻碍就是——"他人"的目光。"他人"的目光是可怕的，它肆无忌惮地干预我的各种选择，让我在选择的时候，变得犹豫不决，甚至，还让我作出违背自己希望的选择。

于是，在戏剧《密室》，萨特让他的男主人公处于此种境况中，至此，让他在全剧结尾处发出感慨："他人即地狱！"也就是说，自我被异化成为"他者"，丧失自我，即为"地狱"。

第一章　阿尔萨斯的童年

1. 父亲之死

> 死亡的本义恰恰是：
> 它总是能够提前在这样或者那样的某个日子里
> 突然出现在那些等待着它的人们面前。
>
> ——《存在与虚无》

1904年，一名年轻的海军军官，在诺曼底北端的军港，认识了一位来自东部阿尔萨斯地区的美丽姑娘。这位迷人的姑娘叫安·玛丽·斯威哲。

这位海军军官，是法国西南部佩里柯地区迪维叶镇上一名乡村医生的长子，他长着一双明亮的眼睛，眼神中透出一股淳朴的气息，让人不由自主心生一股信任的力量。他热衷航海，很早就决心投考海军军官学校，后来他真的如愿以偿了。

这位海军军官名叫让·巴蒂斯特·萨特，由于参加了交趾支那的战争，他看起来已经被折磨得非常虚弱，他与玛丽相遇后，两人立即就坠入了爱河。

很快，这两位热恋中的年轻人，就举行了简单的婚礼，并在不久之后，生下了一名男婴，他们兴高采烈地为儿子取名为让·保罗·萨特。

就在生下萨特不久后，父亲让·巴蒂斯特·萨特，就得了严重的肠热病。病一发作，总是伴随着不断的高烧。对此，一家人手忙脚乱，忧心忡忡，病痛折磨了他一段时间。玛丽一边照顾幼小的孩子，一边细心照料病情不断恶化的丈夫。

没过多久，让·巴蒂斯特奄奄一息，眼看就不行了，家人立即把他护送回了家乡。在离迪维叶镇不远的一所小房舍里，他度过了生命最后的时光，而他的乡村医生老爸，也在这段时间里经常来看望他。

死神终于要来临了，这是一些多么令人绝望的晚上啊，一个又一个无眠的夜晚，折磨着这位脆弱、身心疲惫的妻子，让她变得如此憔悴，她的奶干了。

而小萨特呢，仿佛和父亲之间有某种感应似的，在父亲患病的这段时间里，小萨特也同时患有肠炎和发烧。看呀，家里的这两个男子汉，似乎每天都比着看谁病得更凶猛些。

小萨特因为这场病也差点断送了小小的性命。噢，可怜玛丽，那时才刚刚二十几岁呢，如此年轻，命运就让她面临双重的打击，她既没有经验，也没有人能够给她安慰和指点，她就在两个将死的人中间，承受着一种难以想象的折磨。

不过很快，玛丽就在疾病和死亡中，找到了一点命运的真理。她对儿子关怀备至，总要亲自给孩子喂奶，而且喂得很久。但是因为疾病，小萨特生下来九个月之后，就被强行断奶了，接着，因为高烧，还引起脑子迟钝，这个小生命一头就栽进了这个混沌的、迷糊不清的世界中。噢，这是一个充满单纯的幻觉，粗野的偶像的世界。

到了1906年9月17日，所有的一切，都无可挽回了，让·巴蒂斯特在妻子的痛心中黯然逝去。这时，玛丽仿佛从一个噩梦中醒了过来，她那充满痛苦的心，找到了另一个依托，那就是小萨特的病被治好了。

让·巴蒂斯特的死，可以说是萨特一生中的大事，因为它从此给母亲套上了沉重的枷锁，却给了萨特最大的自由。

对萨特来说，没有父亲的成长，伤痛是如此深刻，在他年幼的心灵上，无疑笼罩了一种难以言喻的孤独感。对他日后性格的形成，起了很重要的影响。

在这个短命的父亲的家系中，萨特的祖母是佩里柯地区一位没落房产业主的女儿，祖父和这位破落户的女儿结婚后才发现，祖母的娘家原来一贫如洗。于是，萨特的祖父，认为有一种上当的感觉，并且感到，自己一生受到了很大的侮辱。

于是，在婚后漫长的四十年中，祖父始终耿耿于怀，从不给妻子过多的温存，哪怕一句充满爱意的话。

平常，祖父和祖母很少用语言好好沟通，在饭桌上，也常常只用手势表达所需。平日里，这位乡村医生几乎全身心投入到工作中来麻痹生活的不愉快。他每天提着药箱，辗转在附近的地区，为附近的居民尽心治病。

当萨特那可怜的祖母去世时，这位犟脾气的老头，还只管自己的妻子叫"我的房客"。无疑，这种没有爱、冷酷的婚姻，在萨特心中引起了很大的不满和影响。

在萨特出生的那个时候，法国及西欧的历史发展，实际上已经不是人们主观意志上能够转移的一个大的客观环境。在这个萨特将要成长的时代，充满了危机、反抗、混乱、悲观消极、革命、战争、文学的活跃、生命的挣扎等多种复杂的因素，它们相互交织，相互渗透，流进了这个属于他们的时代中。

萨特的成长，注定被放在这样一个大背景中，他以小资产阶级知识分子的行动，穿流在时代人群中，在他看来，这个时代是小资产阶级知识分子自由驰骋的时代，许多与萨特一样的小资产阶级知识分子，正好利用这个无产阶级与大资产阶级搏斗的空隙，迅速占领和发展了各种各样的文化艺术、科学、哲学等领域。在萨特看来，这是从事精神创造的一个大好时机。

后来，萨特谈到父亲对自己的切身影响，用萨特自己的话来说就是："被抛到了小资产阶级知识分子的境况中"。

除此，萨特还在父亲那里继承了他留下来的两本书。一本是勒当泰克写的《论科学的未来》，另一本是《通过绝对唯心主义走向实证主义》，韦伯著。

萨特对朋友说到这两本书时，一脸的平静，毫无感情地说："我把它们都卖掉了，如今，这位死者和我的关系，仅仅就是这样淡薄。"

接着，他还冷淡地说："世界上没有好父亲，这是一个规律。父亲的早早死去，实际上给我提供了独占母亲的一个条件，母亲对我倾注了全部的爱，同时赐予了我一种模糊不清的恋母情结。让我没有出现超我意识，也让我没有侵占性。我的母亲完全属于我的，没有人对我的自然的占有行为表示过异议。因此，使我无视仇恨与暴力，上天没有教会我妒忌。我的父亲要是活着，他一定会用全力来压迫我，不把我压垮，就决不会罢休。幸亏他短命早死了。"

其实，成年后的萨特，在他的精神世界中，他一直强调没有"超我"这个东西。因为他没有机会感受到关于"父权"的权威的压迫。因为往往在一个家庭中，父亲总是扮演实施道德原则的角色，既然父亲早死，那么萨特就自以为，这也许是一种好处，至少，可以免除父权的巨大压力。

可是，在萨特日后的成长中，社会迟早也会教会他这些的。

2. 母亲的苦难

> 人生是一条铺满燃烧着的炙热的煤炭的环形跑道。
>
> ——萨特

丈夫一死，玛丽的生活无依，不得不抱着一岁多的小萨特回到娘家。她的父亲住在阿尔萨斯地区，是当地一位有名的德语教师。

虽然，外祖父的一家都绝口不提那个匆匆死去的"短命鬼"，然而，在玛丽的心中，无疑笼罩了一层不可磨灭的阴影，对自己昏头昏脑找的一个短命丈夫，仿佛成了一件见不得人的事，她总是觉得，自己被遗弃了。

淳朴而温顺的玛丽，在家中毫无地位，做任何事情都是小心翼翼，唯恐得罪了父母。由于天性敏感，玛丽体察到周围的人对她暗地里的责怪，于是，为了最大限度地消除这些隔阂，她努力做好自己的工作，勤勤恳恳，踏实地操劳着家里的大小事务，她默默无闻，宁愿牺牲自己。

六年的时光里，玛丽几乎就成了家里的女佣，她起早贪黑，毫无怨言，默默忍受着时间给予的精神和身心上的一切苦难。

每天，玛丽早早就起来，去市场采购食品，回到家，又开始打扫房子、做饭、洗衣。而外祖母还常常对她施加压力，她最害怕的是别人说她是个累赘，因此一切的苦都只能放在心中，自己默默消融。她低眉顺首，尽量保持谦逊。而且，外祖母还禁止她单独外出，若有儿时的伙伴好友邀请，她也要先征得母亲的同意才能外出，并且，晚上十点以前，必须回家。

有一天，玛丽和伙伴们相约聚会，过了十点还没回来，她的母亲早就开始不耐烦了，在家里拿着表不停地踱来踱去，并不时伴有如雷的咆哮，接着一个劲嘟囔个没完。

玛丽回到家后，受到了严厉的斥责，她非常难过，于是温顺的玛丽在往后的日子里便主动放弃了这种外出活动，因为在她看来，这种享受太过昂贵，需要付出的代价是：心灵和精神的折磨。

萨特的外祖母路易斯，是勃垦地区一个虔诚天主教家庭里的姑娘，她脾气十分怪异，在结婚的那天，她就莫名其妙地和家里人吵翻，拉着萨特的外祖父，匆匆离开新婚宴席，并且跳上了一列"蜜月旅行"的火车。这个略显肥胖又略有姿色，诙谐泼辣又古怪的年轻姑娘，随着年龄的增长，她开始痛恨一切声音，嘈杂的生活让她无法忍受，并且她的性格和精神也变得越来越反复无常。

此外，她对情欲达到一种洁癖的程度，她让一位医生给她开了一张健康证明，这样可以使她无须再和粗野、蛮横的丈夫过夫妻间的性生活。她在家里所做的一切，就是为了和大家唱对台戏，她变成了一个彻头彻尾的否定论者。

这种紧张的家庭气氛，无疑给萨特的母亲重新套上了一个沉重的枷锁，她只能任由单薄的身躯去领受命运的一切安排。

萨特后来谈到关于自由和反抗，他说父亲的死，让他从小就形成一种无名的反抗精神，他曾这样说道："我既不是领导者，也不想成为一个领导者，对命令和服从来说，意味着自由的失却，这是同一档子事，仿佛我天生就被赋予了这种秉性，在我这里，没有滋生权利的毒瘤，因为从未有人教过我服从。"

但是，唯独对母亲，小萨特是心甘情愿服从的，他后来这么说："那时，我和母亲都是外祖母口中的'孩子们'。我们都一样是晚辈，一样寄人篱下，我们是伙伴。在我的房间里，安放着这样一位年轻女子的床，她常常彻夜难眠，但又忠贞不渝。每天早晨，在我还没醒来时，她就已经梳洗完毕。我常自问，她怎么可能是生下我的人？在她向我讲述不幸故事的时候，我不由心生怜悯，暗自想，等我长大了，我要娶她，好好保护她。她让我把手搭在她的手上，这就是别人说的服从吗？然而，我想到的，只是为她效劳，我以仁慈的心肠向她的请求作出退让，她并不命令我，她只是用轻柔的声音向我述说她的希望。"

相对母亲不自由的处境，萨特的处境恰好相反。除了父亲之死让他免除父权的压迫外，他还享受到了很多祖孙间的温情。

萨特的外祖父是一个严厉且博学的老教师，他自命不凡，自命为维克多·雨果。他外号叫"卡尔"，这个外号，表明他是一个地道的法德边界的阿尔萨斯人，因为这个地区，叫这个名字的男子非常多。

外祖父满脸胡子，非常喜欢照相。在他的家里，无论是桌子上还是墙上，都摆满、挂满了他的英姿，他和那位古怪的姑娘路易斯生下了两个儿子和两个女儿。

他们的大儿子乔治是一名高级技术员。小儿子也是德语教师。大女儿在很小的时候，就夭折了。萨特的母亲，这位过早被命运下了判书的可怜人儿玛丽，就是他们最小的女儿。

小萨特天资异常聪慧，让这位严肃的外祖父，重新唤起了对生活和自然的情致，并从他身上找到了一种微妙的安慰，他经常带萨特出去散步，带他去看湖泊、森林、花鸟。他自豪地对萨特说，他曾经与哲学家柏格森一起游过日内瓦湖。

他说:"嗨,那时,我立即被迷人的景色吸引住了,而柏格森,看起来无动于衷,坐在一只皮箱上,低头看着两脚之间。"

由此,外祖父得出自己的结论,他说:诗人的沉思比哲学好些。

3. 外祖父的"神殿"

> 人像一粒种子偶然地飘落到这个世界上,
> 没有任何本质可言,只有存在着。
>
> ——萨特

外祖父对小外孙是非常疼爱的,每次一见到小萨特,本来无精打采的他,顿时就精神焕发,张开双臂,高声喊道:"亲爱的,我的小宝贝!"

而小萨特,也欢欣雀跃地扑向外祖父的怀抱。外祖父是一位德语教师,很擅长语言艺术,也很有表演天赋,他身材高大、风流倜傥,一打扮起来就像个威严的上帝,让大家为之吃惊。

外祖父很喜欢坐在花园的躺椅上,手中轻晃杯中的酒,双眼端详一旁玩耍的小萨特,在这种沉默的相处中,在外祖父的眼里,仿佛有许多要说的话语,然而,始终未曾说出。他用欣羡的目光追随着在草地上跑来跑去、对什么都好奇万分的小萨特。

尽管小萨特还听不懂一些话,但外祖父还是由衷地自言自语道:"真理往往是从孩子的嘴里说出的,因为他们更接近自然。他们是风和树的伙伴,他们含糊不清的话语,为听得懂他们的父母,提供了真理和教训。"

从小萨特天真稚嫩的行为中，外祖父体会到了诞生与衰老不断演变的真理。他想到当下的自己，已到了垂暮之年，不禁隐隐感到一丝惆怅。

但小萨特非常聪明，他那些无心的幼稚话语或动作，常常引得大人们哈哈大笑，这让外祖父对他更加疼爱。这时，外祖父就会忍不住把他抱在怀里，随即把他举向天空，口中快乐地说着："我的宝贝！我的宝贝！"

在外祖父的书房里，到处都堆满了书籍。在小萨特还不识字时，他就开始在这个"神殿"里与书籍打交道。尽管他看不懂里面的内容，但他还是学着大人的样子，一页一页地翻看，好像在认真地阅读一样。

就如成年后的萨特说："我的生活，是从书堆开始的。就像我毋庸置疑地也要在书堆里结束我的生命一样。"

幼小的萨特对外祖父的这些书，表现出一种神圣的热爱，他发自天性地感觉到，它们藏着各种各样奇妙的信息，有一种向人类传递神谕的力量。

小萨特常常以敬畏的心情，走进外祖父的这个"神殿"，他踮起脚，拿出自己钟爱的书本，认真地一页一页翻开，他目不转睛地盯着那一行行排列整齐的字句，时而又捧起来，闻闻散发着草木芳香的纸张。

有时候，外祖母给他展示外祖父编写的书，在萨特心中，这是多么神圣的事情啊，他小心翼翼地翻看这些还读不懂的文字，不由得心生敬畏。

在外祖父的引导下，萨特从小就把书本视为圣物。外祖父发现萨特这么喜欢书籍，他感到非常高兴。于是，他专门为萨特挑了一本诗人布梭编写的《童话集》。

这本书里的童话,是从民间故事中精选出来的。诗人布梭从儿童的心理角度,选编了适合儿童偏好的一系列故事。

小萨特拿到这本书后,高兴得手舞足蹈,并宣布终于有自己的书了。他拿着书翻了又翻,嗅了又嗅,然后又用小手轻轻地抚摸着书页。最后,小萨特还坚持要为自己的第一本书举行一个仪式,外祖父看着他乐不可滋的样子,微笑着点头答应。

有时候,小萨特在"神殿"里翻看外祖父那些深奥的书,因为看不懂,他急得眼泪都要掉出来了。当他妈妈看到儿子这个样子时,就会温柔地从小萨特手上拿过书本,摊开在自己的膝盖上,让小萨特坐在一旁听着。

妈妈会问道:"我亲爱的小宝贝,你要听书上关于神仙的故事吗?"

小萨特倚在妈妈身边,仰着头反问道:"书里面真的有美丽的神仙吗?"

妈妈微笑着:"当然。"

有时,妈妈会一边给小萨特洗澡,一边给他讲神话故事。小萨特经常被各种各样神奇的故事迷住,甚至忘记自己在洗澡。他心醉神迷地盯着母亲美丽的脸庞,早就把母亲化身为故事中善良的又具有魔力的仙子。他如痴如梦地游荡在迷雾的世界,仿佛感觉自己也要飞起来了。

渐渐地,听母亲讲的故事多了,小萨特的欣赏能力和理解力也在不断地增加。他不仅对故事的情节感兴趣,还对故事里华丽的词藻非常敏感。

很快,小萨特就能够模仿母亲的样子,自己读起故事来。他常常抢过母亲手上的书,试图模仿母亲抑扬顿挫的节奏感,眼睛盯着一行一行铅印字句，从左向右，像模像样地咿咿呀呀乱读一遍。以此逞能，自己也能读。

小萨特这种急于成长、急于读书的上进心，让大人们备感欣慰，而且小萨特处处表现出聪明异秉的天赋，让几个大人想到，是时候教他认字了。

自从开始认字后，小萨特可谓欣喜若狂，他天天读呀读，仿佛不知疲倦，他把读书作为生活中唯一的内容。与同龄的孩子比起来，他对玩具早就不感兴趣了。只有在书中，他才能找到新的乐趣，而且没有尽头。

小萨特早就超出了大人给他制订的阅读计划，他兴致勃勃地钻进外祖父的书房，希望能够一读而尽，他像个初尝甜头的狂热者，天天把自己关在这座有着无穷智慧的"神殿"里。

他这种对书籍的迷恋，从来没有人强迫他这么做，他自然而然地养成了阅读的习惯。因为他知道自己如何从书中找到快乐，找到智慧和真理。

在萨特的童年里，他从未和伙伴去掏过鸟窝，从未捉过青蛙，从未用石头打过池塘里的鱼，也从未采集过花草。但在书中，他知道这一切，知道所有这一切的感受，他还在书本无穷的智慧中懂得了各种事物的真理。

基本上，在这座"神殿"里，萨特能够够得着的书，都被他一一翻过，尽管绝大多数他还不懂其意，但他并不死心，他总想方设法去探究它们。有一些书，小萨特刚拿到手，就被大人们抢了过去，于是，他只能眼巴巴地看着，书又被放在书架的最上层。

然而，这种天生的好奇，让萨特在这个"神奇的神殿"里，获得了有别于同龄孩子的非凡性格。

在外祖父的藏书中，以法国和德国的古典文学作品为主，还有一些历史类，及各种百科全书等书籍。在这种气氛的熏陶下，小萨特的想象力大大提高了，他的思维方式，也得到了最好的训练，同时，也获得了极其丰富的历史、文学知识。

这样一来，萨特甚至越来越讨厌真实的世界，因为他发现故事里的人物更加有人情味，并且充满了诗意，引人遐想。

1911年，萨特刚好六岁，这时，他随外祖父一家搬到巴黎居住。他们住在勒哥夫街一幢公寓的六楼，萨特常常抱着书，在阳台上鸟瞰路上的行人。这时，他小小的年纪，已经开始懂得为人世间庸碌、匆忙的生活而感叹。他发现，在人们的脸上，偶尔浮现的好看的笑容，一下子又会消失掉。总之，巴黎灰暗的天空，让他的心灵蒙上淡淡的忧愁。尔后，他又回到他的书中去，与书中的世界打成一片。

萨特甚至说，书是他唯一的宗教。外祖父用十分智慧的方法，巧妙地介绍一些适合外孙看的书，让小萨特在丰富而又浪漫的阅读基础上，使他的知识更加坚实。这也是后来萨特能够成为哲学家和文学家的主要因素。

有一天，外祖父语重心长地对小萨特说道："哦，天才这个称号，只是一笔贷金，想要真正够得上这个称号，那必定先经历巨大的艰辛与困苦，然后，再虚心地接受各种各样的考验，最后，让自己坚定不移地通过考验。"

在外祖父的"神殿"里，福楼拜的《包法利夫人》给萨特留下了非常深刻的印象。故事结局的最后几页，萨特曾经反复读了二十多遍。故事里那些悲剧性人物的下场，使他久久不能忘怀，直到后来在自己的作品《家庭中的白痴》中，萨特也试图对福楼拜的思想作一番深入的探究。

除了福楼拜的作品，在外祖父的书房里，雨果的作品，也一直阴魂不散地时时缠绕着萨特。外祖父收藏的雨果的著作，几乎都是大部头，它们分布在书架的各个角落，有《巴黎圣母院》《悲惨世界》《笑面人》《海上劳工》等。它们就像一块巨大的磁石，死死地把萨特吸住。

对萨特不断提高的阅读能力，外祖父经常给予他各种鼓励。

有一次，外祖父介绍古德林的《迪奥多尔寻火把》给萨特看，书一拿到手，萨特就不肯撒手了，他甚至还拿着书，读给正在做饭的厨师听。当厨师走动时，萨特一直尾随着要念给他听。

小萨特看书，到了一种痴迷的状态，从前，大人们还为此暗喜，但时间一长，未免为他的健康产生担忧。于是，母亲为了转移萨特的注意力，把他带到离家不远的卢森堡公园里玩耍，但很显然，那里的花草没有引起萨特多大的兴趣。外祖母和母亲又想尽办法，给他买适合他年龄看的儿童动画书。

所以，到了八岁时，萨特已受到了两种阅读氛围的熏陶，比起同龄的孩子，他俨然是一个小大人了。

4. 天才入学

人被抛到这个世界上，

除了自我塑造之外什么都不是。

——萨特

由于特殊的家庭条件，萨特比同龄人较迟入学，虽然给他带来不利之处，但也给他创造了自由阅读的时间，让他从小就学会了独立思考。

这段几乎纯天然、不受任何外界干扰的对知识的猎取，像春天的种子，已埋进小萨特心灵的深处。等到有朝一日，种子就自动发芽、开花、结果。

可以说，这段学前的阅读，对萨特的一生起了决定性的影响。

1913年，萨特整整八岁了，外祖父和母亲一致决定，无论如何要让萨特去学校上学了。当时的法国，其中小学教育是连贯的十二年制，第十二年级是最低的年级，然后一级一级递升，最后读到第一年级，通过考试后，就算中学毕业了。

当外祖父把萨特送进蒙台涅中学前，跟校长沟通了一番，他夸奖自己的这位外孙天赋异禀，说小萨特的唯一缺点就是他的智力超过了他的年龄。于是，外祖父希望校长把萨特安排在八年级。

然而，萨特上学没多久，就显露出劣势，因为他连基本的拼音都不会。校长看了他听写的卷子，不由皱起了眉头。他马上找来萨特的外祖父，并告诉他，萨特不能继续留在八年级，而是要降到十年级，并且要观察一段时间后，再决定把他分配到哪个年级。

尽管外祖父坚持说小萨特与众不同，应该给予特殊处理，但校长说，法语的基础是拼音和缀字法，这些萨特必须先学会了，否则一切都无从谈起。

外祖父和校长吵了一架后，抓起萨特的小胳膊就往家走。一进家门，他就甩开萨特的手臂，并把气撒在他身上，他从萨特的书包里掏出作业本，并甩在桌子上，骂萨特不够用功。

坐在一旁的母亲，用怜悯慈爱的目光，看着低头不语的小萨特，甚至，当她看到父亲把萨特的作业甩在桌子上时，忍不住咯咯地笑起来，因为她发现，聪明的小萨特，居然自己发明一套拼音法来听写。

很快，外祖父为了让萨特赶上正常小学的学习水平，给他请了一位家庭教师。对这种一对一的学习方式，萨特表现得很不习惯，老师的讲解方式，让他觉得很乏味。

不久之后，萨特又随外祖父一家搬到了阿卡尚居住。外祖父护送萨特来到市立的学校，并对萨特的新班主任说："我最亲爱的同行，现在我把心肝宝贝托付给您啦，请多多关照！"

果然，这位名叫巴洛的老师，对萨特非常照顾，他把萨特安排在最靠近讲台的位置上，常常指导萨特写作业。从内心来说，萨特对巴洛老师十分尊敬，把他如同自己的外祖父一般看待。

有一天，萨特在校外的墙上看到一行歪歪斜斜的字，上面写着："巴洛老头是一个大浑蛋！"

萨特看到后，感到心脏怦怦直跳，他觉得这种骂人的脏话，居然用在他敬爱的老师身上。小萨特觉得像骂自己一样难受，于是羞愧地哭着跑开了。

1914年秋天，萨特又一次转校。这次，母亲把他送到巴黎的布邦学校上学，当萨特走进教室的那天，班上三十名小学生的身后，都站着他们的父母，他们像贴身的母鸡看守着自己的孩子。而那三十名小学生，则像受到威胁的小鸡一样，个个都不敢吭声。时刻被家长监视的女老师，是一位美丽善良的金发姑娘，她名叫玛丽·路易斯。后来她还背着校长，答应萨特的外祖父，课余时间做萨特的家庭教师。

在当时，女教师的待遇是非常低的，基本工资只够糊口。玛丽·路易斯每天在学校工作八个小时，有时，她满脸疲倦地给孩子们听写，在朗诵期间，还不时长叹。萨特虽然小小年纪，但他已经懂得老师的艰辛，因此非常同情她。

玛丽·路易斯也把聪明的小萨特当作自己的朋友，有时她会对萨特诉苦，说自己工作累得半死，生活上又觉得很孤单，如果能找到一个好的丈夫，她可以付出任何代价。这些话，虽然小萨特一时听不太懂，但已经在他小小的心灵中引起了共鸣。

然而，没过多久，外祖父就把她辞退了。玛丽·路易斯曾把自己的苦衷也告诉了萨特的外祖父，外祖父不但不同情她，反而嘲笑她长得难看，这让萨特感到非常难受，他觉得这个世界太无情了，在他后来的自传中，他这样写道："难道一个天生丑陋的人，就应该受到这样的惩罚吗？"

自从玛丽·路易斯被辞退后，外祖父又给萨特接连找了许多家庭教师。有一些，因为相处的时间太短，萨特连他们的名字都不记得了。从这些事件中，萨特看到了人世间充满欺诈和虚伪。另一方面，在大人们的对话中，他也隐约感受到一些不够善意的语言，这让萨特常常感到困惑。

大人们对待不同的人，有时哗众取宠，有时又用甜言蜜语，当萨特听到人们对他说："亲爱的，先到别的地方玩玩吧，我们正在谈话呢。"

这时，萨特总觉得他们在干一些不好的勾当。他逐渐意识到，人生来就是为这个虚无的世界上演一出荒诞的戏剧，并且相互嘲笑彼此虚伪的演技。

有一次，外祖父为了让孩子们增添乐趣，同时培养他们的爱国情怀，于是，外祖父亲自给十个孩子，导演了一出正义的爱国剧。外祖父给每个孩子分配了不同的角色。最大的孩子扮演特鲁道夫

（一个既仁慈又粗鲁的老头子），萨特扮演一个爱国的年轻人。

这出戏在外祖父的花园里进行排演，剧中，萨特需要进行多次慷慨激昂的演讲，大人们都凑在旁边津津有味地看着。萨特因为演得过于投入，大家觉得有点太过火了，表演不够自然，甚至有些造作。最后，扮演老头子的那位大孩子，反而获得了许多好评，他在演完后，欢欣雀跃地拿着帽子向观众讨赏钱。

小萨特见大孩子甚是得意，于是，冷不防溜到他的身后，一手把大孩子的假胡子扯了下来，然后拿着"战利品"绕观众走了一圈。然而，周围的观众并没有笑，母亲着急地一把抓住萨特，并责备他："你怎么可以那样，抢什么呀，真是让人伤心。那胡子本来好好的，非常合适，非常好看，你却把它扯下来，大家都说你很愚蠢！"

这时，大孩子的母亲显得有些尴尬，她认为这是萨特嫉妒的缘故。被责备后，萨特飞快地逃到自己的房间，并且偷偷掀开房间的窗帘，看花园里的境况。看到大家逐渐散去，萨特才对着镜子不甘心地做着鬼脸。

1915年10月，外祖父在巴黎又为萨特找到了一所更好的学校。这时，萨特该上六年级了，"亨利四世中学"是巴黎最有名望的中学，师资很雄厚，萨特来到这里不到一年，成绩就突飞猛进，另外萨特自己也十分勤奋。

当这一学年结束后，一位老师给萨特的评语是："全面优秀"。

到了第二年，也就是进入五年级的时候，萨特的表现超凡出众，老师对他的评语是：

"从法语来看，是全班的尖子。已经可以断定，他是搞文学的材料，并且记忆力惊人。"

就在这一年，萨特认识了一个新的伙伴，他的名字叫尼让，是法国中部卢瓦省图尔市人。尼让的父亲是一位工程师。当第一次见到尼让走进教室，萨特就对他产生了莫名其妙的好感。尼让给他的感觉和蔼、敏感、聪慧。萨特一下就感到和他意气相投，可以轻松地走进彼此，并无所不谈。

萨特还发现，这位与自己同岁的新朋友，跟自己一样，也看过很多书。因此，他们的话题，自然而然就转向了故事中的人物和有趣的情节。萨特还发现，尼让和自己一样，也是斜白眼。他打趣道：

"我们都是斜白眼，但不同的是，尼让朝里白，我朝外白，尼让看起来更逗。"

因为这些相似之处，他们很快就成了好朋友，并且，这份友谊一直影响到成年后彼此的人生轨迹。

5. 继父

人变得孤苦伶仃，
是因为他不论在自己的内心里或者在自身之外，
都找不到可以依靠的东西。

——萨特

1917年4月，守寡十几年之后，萨特的母亲终于决定再婚了。这位名叫芒西的男子，是一名海军工程师，他出于对玛丽的爱慕，锲而不舍地追求萨特的母亲。然而，这个决定在萨特看来，简直就是一个晴天霹雳，他没有丝毫的心理准备，有些不知所措了。

一直以来，萨特在母亲的面前，都是一个受宠的王子，现在突然一个人闯进来，打乱这种亲密的关系，让萨特非常气愤，因为从小萨特就把母亲看作全部，看作是生命中最亲近、最美好的人。他们几乎从不分离，既是母子，又是好朋友，母亲是属于他一个人的。而芒西的出现，无疑会把这种特权夺走，自己最多就是个二等的王子。一想到这一点，萨特就感到心如刀割，彷徨若失，终日闷闷不乐，无论如何都无法接受。

其实，玛丽之所以再婚，有她自己的想法。她的这个决定不完全是为了自己，她考虑更多的是儿子的将来，她看到了萨特一天天长大，要是没有一个父亲来教育和约束他，对他将来适应社会是不利的。

另外一个原因是，玛丽不希望继续成为家里的负担，而且父母已经日益年迈了，她想尽快独立出来。于是，在这种现实的处境下，嫁人就成了她唯一的选择。

玛丽并没有想到自己的这个决定，对儿子的心灵造成如此大的创伤，要是知道这样，她也许就不会再婚的。

但这对萨特来说，无疑是一个非常沉重的精神打击，而且他认为母亲背叛了自己。甚至，萨特在后来说，和继父相处的这些年，是他人生中最难熬、最黑暗的日子。

让萨特更加气愤的是，母亲与芒西结婚后，搬到了另一套独立的公寓里居住，而把自己留在外祖父的家中，这种遗弃儿子的"背叛行为"，在萨特的心中留下了极大的阴影，他为此伤心到了极点。

1917年，母亲和芒西搬到了法国的另一个美丽城市——拉罗舍。这是一座拥有七万左右居民的海港城市，芒西在那里担任造船工程师，母亲把萨特也接过来一起住，并把他安排在拉罗舍尔中学上课，这时的萨特，该上四年级了。

萨特发现自己无论在哪方面都与继父格格不入。芒西是巴黎工程学院的毕业生，他喜欢数理化，而且为人生硬又理性。在芒西的眼中，学理科的人，才是实在有用的，才能体现人类智慧的最高结晶。因为亲身的经验，他非常迷信理科，甚至强迫萨特以后也要走这条路。

然而，芒西的一切想法都与萨特相反。萨特认为，他对文学、哲学和历史非常无知，并且他企图在萨特面前，显示自己的优越感，常常凌驾在萨特之上，管教和控制他。

这种受压于人的窝囊日子，让萨特积压了一肚子恼火，使他一生都难以平泄。后来，他对好朋友尼让说道："在我的一生中，足足有十年的时光，都是在一个工学学院毕业生的控制下艰难度过的。"

在这种难熬的日子中，萨特也坚决不买芒西的账，他常常表现出一种指东向西的叛逆性格，一切都反其道而行之，甚至为了与继父对着干，萨特才决定学哲学。事实上，萨特后来回忆这段日子，他认为还是有它的好处的，因为，这种不和谐，间接地让萨特懂得了什么是真正的阶级斗争，让他增长了阅历，也锻炼了他对抗的心智。

确实，这段受人支配、寄人篱下的日子，可以让读者更好地理解萨特后期的哲学思想，他把人与人之间的压迫斗争，与情感的嫉妒心理密切地联系起来。他常常为了争夺更多母亲的爱，而与继父间的冲突更加尖锐，甚至相互结下了仇恨。无疑，性格上一文一理的偏向，使他们背离彼此走得更远。

自1917年起，萨特在拉罗舍尔中学持续上了三年学。这段时间里，他对文学的偏爱到了无以复加的地步，加上家庭的矛盾纠纷，自然而然地，萨特需要以一种小说的方式，把它们宣泄出来。于是，他的第一部小说的构思，很快就得以实现。

这部起名为《猫头鹰耶稣——外省教师》的故事，结合了萨特对生活的真实感受，并倾注了一种悲郁的情感色彩，他试图通过这个故事，揭露现实世界的虚伪与不平。这部小说在1923年，正式发表在《无题杂志》上。

当萨特升到二年级的时候，已经是十五岁的少年了，母亲和继父因为不想在热闹的市区住下去，搬到了拉罗舍尔市东南部一个名叫艾格勒菲的小镇，在那里，他们买了一幢别致的小别墅。这样一来，萨特就成了一名寄宿生，被交托给学校照管。

对萨特来说，真是一个天大的好消息，他的第一感觉就是，自己终于解放了，不用再受到工程学院毕业生的监视，他可以自由自在地与宿舍的同学打成一片。

然而，好景不长，萨特过于自由的生活，始终让母亲放心不下。中学的最后一年，母亲决定把萨特送回巴黎的亨利四世中学。如此一来，也是好事，因为萨特又可以与好朋友尼让一起畅谈读书的感受了。这次重逢，两人的友谊又加深了不少，萨特还告诉尼让，自己已经决定将来读哲学。在这段时期里，萨特对古今文学名著的阅读，更加痴迷了。

两个好朋友经常形影不离，讨论各种各样的文学主题。就萨特个人来说，他表示非常欣赏俄国的大作家托尔斯泰和陀思妥耶夫斯基。因为他觉得这两位作家体现了一种颓废和悲观的人生观，他们的作品很好地揭露了当时俄国腐朽的社会制度，就像一道从天而降的闪电，照亮了人们的心灵。

而尼让，则偏向喜欢纪德、让·季罗杜等作家的作品，他常常对这些作品爱不释手。读过后，尼让又忍不住与萨特交换心得。两个好朋友共同喜欢的作家,要数法国的大作家马塞尔·普鲁斯特,他对他们有着磁铁一般的吸引力。

尼让对普鲁斯特的研究,比萨特还要深入,因此,萨特总是津津有味地听他深刻分析。

1920年,到了学年的年末,班主任给萨特下了这样的评语:"确实有才华!"

哲学老师非常欣赏萨特关于哲学方面的独到分析,在评语中,他写道:"具有严谨的分析逻辑,善于针对某一具体问题进行分析辩论,是一个优秀的学生,不过在个人品行方面,则稍微逊色一点。"

中学会考顺利考完后,外祖父决定带萨特回故乡过暑假,因为没有任何考试的压力,萨特终于可以尽情地玩耍,不过大部分时间,他还是用来看书,对此,他非常享受无拘无束的阅读。

暑期结束后,1922年9月,萨特和尼让一起升入了文科大学预备班。在这里,更坚定了萨特攻读哲学的决心。他与尼让住在同一个宿舍,他们的话题从文学到哲学,又从哲学回到文学,每天都不知厌倦地讨论。

讨论的结果是,萨特找到了一生哲学方向的精神导师,他就是亨利·柏格森。柏格森以优美华丽的词藻,论证了哲学的时间概念与物理学的时间概念是不一样的。

当萨特看完柏格森的《关于意识的直接材料的论文》后,由衷地赞叹道:

"哲学实在是太了不起了,它能让人们认识真理。"

另外,柏格森之所以吸引萨特,还有一个原因,那就是,柏格森以批判的态度看待物理的时间概念,这一点正体现了对那位"工程学院毕业生"的抵制态度,让萨特觉得十分解气。在萨特看来,柏格森论证的正是：哲学高于数理科学，体现了哲学的优越性。数理科学至多体现了实物的一般规律，而跟哲学的真理相比，还差了一大截。

接下来，萨特又认真地研读了尼采和叔本华的哲学著作。其实，萨特喜欢的这些哲学家与文学家，总的来看，都始终贯穿着一个共同的主题，那就是：推崇自我的直接体验。

萨特喜欢的大师，有尼采、叔本华、陀思妥耶夫斯基、柏格森、祁克果等。在他们看来，历史经验、外在世界和理性以及未来世界等问题，都不值一提。世人要解决的一切问题，主要靠自己对自己存在能力的直接体验。

萨特逐渐意识到，要认识真理，就一定要有敢于否定一切现有权威的勇气。于是，他的阅读范围开始扩大，除了哲学外，还涉猎文学、艺术理论、历史、美学等方面。他还分门别类对它们进行摘录和作笔记。

两年大学预科的学习和阅读，让萨特的知识储存量更加丰厚，他信心满满地准备迎接巴黎高等师范学院的大学考试。

第二章 学习与探索

1. 巴黎高等师范学院

如果你意识到自己是自由的，
那上帝就什么也不是。

——萨特

1924年6月，考试的结果出来了，萨特和尼让双双以优异的成绩被巴黎高等师范学院录取了，他们班上一起被录取的，还有拉加斯（后来成为著名的精神分析学家）、雷蒙·阿隆（后来成为著名的哲学家、政论家、社会学家）、乔治·波利兹（后来成为著名的哲学家，在精神分析和宣传马克思主义方面作出了很大贡献）。

这一年，萨特19岁，他和这些拔尖优秀的学子，来到师范学院这个自由广阔的天地，就像飞出笼子的鸟儿一样快活。萨特在日记中高兴地写道："对我来说，从第一天起，在巴黎高等师范学院学习的日子，就是我独来独往的美好开端。跟许多人一样，我可以自豪地说，就是在这里，我过了自由快活的四年时光。"

从走进大学校门的那时起，萨特就以惊人的毅力，研读各种各样现代和古典的哲学作品，凡是有关哲学的，他都一一涉猎。当他开始接触近代哲学创始人笛卡儿的作品时，就表现出异乎寻常的兴致。

笛卡儿的哲学论证方法，显示了极其严谨的逻辑力量。萨特领略到，要想走进真理的殿堂，最根本的起点就是敢于怀疑一切。

在笛卡儿所在的时代里,他敢于对权威的哲学教会提出质疑,这一点,让萨特非常钦佩。

另外,萨特还阅读了卢梭和斯宾诺莎的作品,他们的哲学观点,对真理的阐释,使萨特深深慑服,并将其奉为自己的圭臬。

除了他们之外,萨特又把阅读的范围一再扩大。很快,他又对马克思主义的哲学理论产生兴趣。然而,刚上大学一年级的萨特,想一下子读懂马克思主义的哲学体系,并不容易,他觉得看了一点,就再也没办法读下去了。

不过,他的朋友尼让和波利兹,对马克思主义却非常着迷,甚至他们很快就成了法国共产党的支持者。就这样,马克思主义横在他们的友谊中间,萨特和波利兹进行了很多次辩论,但想法总是无法达成一致。

萨特又努力作了一次尝试,他认真地翻开马克思的《资本论》。然而,结果还是一样,他根本无法理解里面的内容,仿佛加了锁的文字。总之,在这段时期,他怎么都入不了马克思主义的门。

就这样,几个好朋友的友谊,因为思想的不同,逐渐产生了分歧。波利兹出生在匈牙利血统的家庭,很早就受到了卢卡奇(匈牙利马克思主义理论家)和俄国十月革命的影响。

萨特把柏格森奉为哲学的精神导师,而波利兹与萨特恰恰相反,他一开始就对柏格森十分反感,他甚至痛斥柏格森主张的"直觉",说柏格森主义是一种反实践、反科学的神秘主义。

这么看来,两个对立阵营引发出的争论,并非出于偶然。从一开始,他们就把自己建立在不同的理论根基上。因为这样的对立原则,他们只能各走各路。

大学的学习时期，萨特基本上都是用来看书，对社会上发生的一切，他很少干涉。他也不去参加投票，他还没形成自己的政治观点。这时，他还没有醒悟和意识到，个人与社会之间有何重要干系。社会不欠他的任何情分，而他对社会也不起任何作用，他是自由自在的个体。

这时，好朋友尼让已经加入了共产党，萨特有时会去听他的演讲。对阿隆或别的社会党人的政治演说，他也会认真去听。目前，萨特认为自己要做的事，只是写作。而且，他从来不把写作当成一项社会活动。对他来说，写作还只是属于个人的事情。

当初，萨特考巴黎师范学院，是为了取得中学哲学教师资格。因此，除了阅读文学作品，他把主要精力放在研究哲学上。这一时期，弗洛伊德的精神分析学，已逐渐传入法国。当萨特读完他的著作后，发现弗洛伊德对性的重要性，有些过于夸大了。这点让他有些难以认同，但他对弗洛伊德关于潜意识和梦的分析，仍然非常感兴趣。

在课余的时间里，萨特也会参加一些文艺活动。特别是对戏剧，他表现出浓厚的兴趣。入学第二年的春天，正是春花烂漫的时节，学校里为耶稣升天节举行了各种各样的演出活动。

萨特也加入了《朗松的灾难》的戏剧演出，他在剧中扮演男主角朗松。他的表演才华一下子就被发掘出来了，无论是表情、对白，还是动作，大家认为他都表现得十分出色，同学们对他的表演天赋给予了热烈的回应。

自此之后，萨特在学校里便有了名气，并且在类似的戏剧活动中崭露头角。

由于对戏剧的热爱加深了，萨特计划和几个好朋友撰写一部剧本。大概的剧情，取自耳熟能详的民间故事《胡萝卜的皮》。并且萨特强调，这部剧的主旨，是要突出人与人之间的温情、相互关怀。萨特在处理女主角的苦难遭遇时，寄予了一种深深的同情。

大学第二年，学期期末快要到了，同学们开始纷纷总结一年的学习成果。在德拉克鲁瓦教授的指导下，萨特也写出了人生的第一篇哲学论文，这篇题为《论想象》的论文，主要是为了取得高等教育文凭而写的。

看了萨特写的论文，德拉克鲁瓦教授发现，他的这个学生非常有才华，并且认定，萨特将来在哲学领域一定有所作为。

这篇论文的题目，是德拉克鲁瓦教授为萨特定下来的。萨特对这论述的主题也很乐意接受，因为在之前大学预科的学习中，他就很注重人的情感、想象与哲学、心理学之间的联系。他认为，人是一切的根本，想要解决哲学的各种问题，必须先从个人的意识、意志和心理入手。

论文基于想象的基本观点，还对自笛卡儿以来的近代哲学进行了系统的探讨。并对它们详细地逐一论述和批评。文章的观点写得博大精深，具有很强的说服力。最后，德拉克鲁瓦教授对他的这篇论文授予了"优秀"的评分。

大学的前两年，萨特顺利取得了高等教育文凭。接下来，在大学的后两年，萨特的主要任务是考取中学哲学教师资格。

在不耽误学习的情况下，萨特的课余时间，主要用来写作。不久，一部题为《一次失败》的小说诞生了。音乐家瓦格纳和哲学家尼采之间的友谊，启发了萨特要写这么一部小说的灵感。当小说完稿后，萨特亲自把稿子送到巴黎著名的出版社——伽利玛出版社。然而，他很快就遭到拒绝了。

1928年，面临毕业的最后时光，同学们都忙于写论文，萨特也不例外。然而，在最关键的时候，萨特竟写出了一篇低劣的毕业论文。老师也感到很意外，成绩排名出来后，萨特排到了第50名。

　　尼让也觉得很疑惑，萨特告诉他，因为自己太想写一篇别出心裁的论文，太想给四年的大学生涯画上一个完美的句号，最后，却导致适得其反。他还反省说，自己明白了原因所在，下一年，他决定把中庸的内容写得更有创见。

2. 亲爱的海狸

> 在我们之间存在着必要的爱情，
> 但同时我们也认识到，需要偶然的爱情。
>
> ——萨特

　　这一年，萨特24岁了，他必须再次准备毕业论文，并通过口试。对他来说，毕业已经延迟了一年，所以这次他决定全力以赴。

　　每天，萨特和埃博德、尼让一起去图书馆复习，一起踏着上课铃声踏入教室，一起去饭堂吃饭，一起散步，三个好朋友总是形影不离。他们生活安排得既紧凑，又多姿多彩。

　　就在这时，一位聪明而美丽的女学生加入了他们的"铁三角"，并且很快就成了"四人行"。

　　这名女学生叫西蒙·波伏娃，是长着一头黑发的漂亮姑娘。这一年波伏娃刚刚22岁，比萨特小两岁。她目前也准备考取中学哲学教师资格。

波伏娃与埃博德很早之前就认识，是很要好的朋友，而且，波伏娃很早就听说他们这个"铁三角"，并对他们产生了很大的好奇心。而埃博德也想在萨特面前炫耀一下，于是，总是在萨特面前谈到波伏娃的种种优点，并说她非常特别，不是一般的女孩子。这就激发了萨特对波伏娃的浓厚兴趣，他很想同她结识。

有一天，埃博德说要给波伏娃介绍自己的两位朋友时，波伏娃欣然答应了。

当她第一眼见到萨特时，就产生了爱慕之情。而萨特对她，也是一见钟情。很快，两人就情投意合走到一起了。

回来后，波伏娃对自己的密友激动地描述了和萨特第一次见面的情景："当我第一次见到他时，他正激动地和一个高大的女生谈话，那个女孩看起来傻乎乎的，样子十分淘气，很快，女孩漫不经心的态度让他感到懊恼。接着，他又和身边另一位时尚漂亮的女生搭话。然而，这个姑娘显得很傲慢，一下子，萨特满脸尴尬，也不知该说什么了。就在这时，埃博德向他介绍了我，萨特马上就表现得很热情。那时，他该有多么高兴呀，他能够独占我，与我高兴地畅谈。"

而在萨特看来，波伏娃也正是自己要找的另一半，因为在这之前，他从来没有遇到如此特别的女生。他发现，波伏娃在很大程度上跟自己很像，也是十分勤奋和刻苦，甚至也有一种拼命的精神。另外，波伏娃年轻有活力，又长得非常漂亮。无疑，年轻漂亮的女生萨特见得多了，她们往往都只是虚有其表，接触几天就会发现她们愚不可及。然而，波伏娃就像他心中的女神一样，秀外慧中，智力水平与自己相当，交流起来一点障碍都没有，就像认识了很久的老朋友一样。

于是，在接下来对应口试的十五天里，萨特每天都和波伏娃在一起学习，除了睡觉的时间他们才会分开。

"铁三角"一下就变成了"四人行"，在这段备考的日子里，他们四人同心，为了同一个目标努力奋斗。生活过得非常充实，有时，他们一起乘坐尼让的小汽车去兜风，在风与速度的驱使下，他们的情绪变得越来越激昂，萨特情不自禁地哼起曲子，有时，他们又像醉汉一样放肆地高歌。

他们还把笛卡儿作品《沉思录》的句子，编成歌曲，一次又一次放开嗓子大唱特唱："啊，上帝啊，请你再说一遍，假如你真的存在。"

波伏娃惊奇地发现，萨特很具喜剧天赋，还有一副好嗓子，精通音乐，甚至对现代的爵士音乐也表现出很高的欣赏水平。波伏娃暗暗地在心中赞叹道："看来，萨特比埃博德更有意思，而且他善于用脑，对事情善于用行动来实现。"

无疑，波伏娃心中的天平悄悄地偏向了萨特。在这之前，她曾一直偷偷地对比过身边的三个伙伴。虽然，波伏娃对他们都充满敬佩和爱意，但她还是想从中选出一个最满意的作为恋爱的对象。

三个年轻人，性格有很多相似之处，他们都热情活泼、爽朗直率，而且学识渊博、有才华。渐渐地，随着接触的时间长了，波伏娃发现，他们之间还是有很大差别的。尼让聪慧、敏感、平和，笑容很安详，文学造诣非常深，但他已有女朋友了，而且用情专一。而埃博德，认识的时间最久，虽然很阳光帅气，但他一直只把自己看作妹妹，从未擦出火花。最后剩下萨特，波伏娃发现，埃博德身上的所有优点，在萨特身上全都可以找到。

最后，比较的结果是，波伏娃心甘情愿地被萨特俘虏了。虽然有朋友说，萨特是他们三人中最可怕的，也是最不值得依托的。然而，波伏娃却不这么认为，她发现萨特的头脑异常聪明，是个很特别的年轻人。

她还觉得，别人指责萨特的那些缺点，恰恰体现了萨特的男子气概。因此，她暗暗地下定决心，要一直跟随萨特。

在三人中，萨特的性格最独特，而且机智幽默，他仿佛永远不知疲倦地渴求新的知识，他时时刻刻都在探索未知的事物，从不让脑子停息。波伏娃常常听他提到，他生来的使命，就是写作。

有一天，萨特在波伏娃的笔记本上，用大字俏皮地写道："波伏娃=海狸"。

萨特说，你就是一个海狸。见波伏娃一脸惊讶，萨特解释说，海狸总是喜欢群体生活，同时，它们又具有超强的创造精神。

从此，"海狸"这个名字，就成了波伏娃的外号。尼让和埃博德，也总是亲切地叫她"海狸"，因为这象征着他们四个是永不分离的好伙伴，并且，一起在探索真理的路上不断地创新和前进。

四个伙伴，因为相同的精神追求，友谊变得越来越深厚。他们都有着浪漫主义的幻想，同时，还有永不枯竭的探索精神。他们年轻热情，有才华，又豪迈奔放。然而，这段宝石一般的日子马上就要过去了，因为考试的时间越来越近。

考试一过去，四个同伴都着急地等着成绩出来。结果，萨特考了第一，波伏娃考了第二，其他两位也顺利通过了最后的考试。

考试一结束，意味着大家要为前程各奔东西了。面临分手，每个人都感到非常难过，依依不舍之情，一言难尽。

波伏娃请萨特在假期里，去里莫辰找她。这时，波伏娃在自己的日记中写道："到了八月初，大家就分别了，这时，我已经意识到，在我的生命中，萨特和我，将再也离不开彼此。"

暑假，萨特如约而至，他在里莫辰找到了自己的情人，并预计在那里逗留十二天。因为波伏娃的父亲对女儿管教非常严厉，见到萨特后，他甚至郑重其事地请求萨特离开里莫辰。虽然萨特离开了波伏娃的家，但他并没有离开里莫辰。

他郑重地告诉自己，一刻也不会提前离开这个地方。于是，他和波伏娃只能在牧场和田间秘密会面。有时，甚至采取更加隐秘的形式，选择离家很远的栗树林约会。

萨特回到巴黎后，与波伏娃的通信一天也没有间断。初恋的情欲与相思，把他们的情感更紧密地联系在一起。

不久，萨特就要应征入伍了。他向波伏娃提出了一个"两年合同"：在这段时间，我们可能至少要过两到三年的分居生活，但我希望，彼此能够保持一种最亲密的关系，并且无话不谈，要坦诚相对，彼此不能欺骗对方。等到服完兵役后，我打算去日本任职，我在报纸的广告上看到过，日本的一些学校，需要聘请法语教师，到时，我想尝试给他们投应聘书。希望亲爱的海狸，也可以在国外和我一起任职。

在这段青春期里，我跟尼让不同，他的眼里只有一个女人，而当我看一个女人时，想要她的全部，我想要过一种不受任何束缚的单身生活，这就是我的原则。因为，每个人生来，就是唯一的、独立的。

因此，我想提前跟你说两件事：第一，我不会选择结婚这条路，永远过一种自由的单身生活；第二，我想要所有的女人，只要能够得到的。

这份"苛刻"的"合同",也只有波伏娃才能理解萨特的独特个性。因为她觉得,萨特这么做,反而不像别的男人那么虚伪狡诈,他把一切都开诚布公,而且重要的是,波伏娃知道,在他们之间,存在着必要的精神爱情。于是,她默许了这份"两年合同"。

3. 哲学与文学的结合

> 写作的欲望包含着对生活的欲望。
>
> ——萨特

萨特大学毕业晚了一年,当他去军营报到时,他的同学阿隆,已经当上了一名中士,同时,阿隆还负责检测气象台的风速表。尽管从前在大学里因为哲学观点不同,他们彼此间产生过很多争论,但这时,阿隆还是非常关照萨特,给他传授了各种简单的气象知识。

在军营的这段日子,因为见不到波伏娃,萨特感到自己跟一个苦役犯没有区别。他总是盼望快点到星期日,因为这一天,军人可以自由活动。每到这一天,萨特就把时间全部献给波伏娃,他们如胶似漆地过着普通老百姓的甜蜜生活。

有时,尼让还会邀请萨特和波伏娃去自家的花园一起看电影,因为尼让的弟弟是一名电影副导演。有时,这对亲密的恋人,又会手挽手去访问昔日的大学同学。

对萨特这个小士兵、大文人,军营里的领导对他特别照顾。因此，萨特得到了更多自由的时间用来写作。这时，他又开始写一种哲学味道很浓的小说。1931年，一篇题为《关于真理的传说》的小说，发表在《分支》杂志上。

由于之前萨特想把这个小说交给欧洲出版社出版，然而遭到了退稿。而此时，好朋友尼让正担任《分支》杂志的编辑，因此，他帮萨特在这本杂志上发表了《关于真理的传说》。这部寓言式的小说，是萨特最初把文学与哲学结合起来的试验品。

波伏娃说，萨特试图通过这部小说，表达自己独特的哲学见解，毫无疑问，他在仿效柏拉图，以寓言和神话作为桥梁，达到哲学与文学的完美交融。

除了写作，萨特还阅读了大量文学作品，波伏娃常常给他送去各种题材的小说。波伏娃还发现，萨特对电影和戏剧很着迷，甚至，把它们放在与文学同等的地位上。

在兵营的最后一年里，萨特受到了意大利作家比兰德罗的启发，创作出名为《艾比默黛》的独幕剧。这部剧讲的是一个人为自己的葬礼作各种各样准备的故事。

1931年2月，萨特结束了刻板的兵营生活。按当初的想法，萨特是想去日本教法语的，然而，这个计划只能放弃了，因为当前的各种情况不允许。刚好这时，勒阿弗尔市的一个中学需要一位哲学老师，于是萨特便去了那里任教。

而此时，波伏娃在法国的另一座城市——马赛当哲学老师。眼看一对情人又要分隔两地，萨特主动提出修改当初的那份"合同"。因为，如果他和波伏娃办了结婚手续，两人就可以分配到同一个城市教书。

然而，这次波伏娃否定了这个建议，她认为，没有必要为了这个目的迎合法律。两个人的感情能够维持多久，不应该受到任何外在的因素影响。因此，她宁愿忍受分别的痛苦，顺便看看这段感情是否能够经得起考验。

勒阿弗尔市是一座海港城市，比他从前和母亲及继父住的拉罗舍尔市要大，萨特对这个城市的印象很好，它是距离巴黎最近的一个海港，位于塞纳河口，与英国隔海相对。勒阿弗尔是法国仅次于马赛的第二大港口。

这个城市的林荫道，是萨特最喜爱的地方，在那些蜿蜒的小路上散步，成了萨特的习惯。轻松自在的散步，有助于他思考关于偶然性的哲学问题。

其实，无论身处教室还是林荫道，在任教的这段时间里，萨特从未停止过对哲学的思考。一天，在栗子树下，他开始构思一部名为《恶心》的哲学小说的线索。

与此同时，萨特对巴黎文学界的最新动向，密切关注。他还激动地写信告诉波伏娃，最近读了塞林的小说，被他大胆独创的精神所震撼。尤其是，塞林在小说里使用各种各样奇特的民间方言来写作，对此，萨特对他的小说给予了相当高的评价。

与此同时，萨特还研究了美国著名的小说家海明威，看他的小说时，萨特甚至到了一种神魂颠倒的迷醉状态。他还告诉波伏娃，说当前的许多小说家，他们遵循的大多数原则都是受了海明威的启发而来的。

1931年，学期结束时，勒阿弗尔中学组织了一次电影评奖活动，校长请萨特在颁奖那天对电影发表一次演说。演说结束后，萨特的这篇演说稿第二天就被刊登在勒阿弗尔市的日报上。

萨特的这次电影评论，与当时评论界对电影持悲观的态度相反，对将来的电影发展事业，萨特寄予了无限希望，并持一种乐观态度。

萨特和波伏娃，虽然一个在勒阿弗尔市，一个在马赛市，但是很显然，他们的感情并没有因为距离逐渐变淡，彼此的思念反而更加炽热。他们频繁通信到了一种令人吃惊的程度。从琐碎的日常生活，到各种感想，他们尽情地、用力地表达着自己无处释放的怀恋，唯有在信中，唯有看到对方熟悉的字句，方能解去浓浓的相思之苦。

到了1933年，这对恋人分开的两年时间里，他们写了足足有一百多封信。幸好，还有暑假和寒假两个大假期。每到这个时候，他们都计划一起去度假，他们去了很多国家旅游，比如意大利、西班牙、英国等。各地的历史遗迹、风土人情，他们仿佛怎么都看不够，始终有新的东西吸引着他们。

这时，两个人对社会政治和各种游行示威或事变，都不参与，也不感兴趣。他们身上的社会责任感，还没被唤醒，他们还沉浸在美好的爱情生活中。

1932年，波伏娃的工作有变动，她被调到卢昂市。这个城市，离萨特所在的勒阿弗尔市只有一个小时的路程。如此一来，他们就无须频繁写信了，每个周末他们都可以聚在一起。

随着时间的推移，两个人的感情也越来越深厚，他们既是最好的朋友，又是亲密恋人。他们坦诚相对，几乎无话不谈。他们都觉得，对方是自己的一面镜子。无论是融通的思想，还是交融的身体，使他们觉得两人已几乎成了一体。

在这之前，他们从未因为什么大事发生过不愉快的争执或分歧。虽然外面的局势已经动荡不安，他们还是把精力投注在自己的创作计划。两人不断地在文学与哲学间，相互勉励，相互促进。

萨特主要着重于反复研究和咀嚼哲学史和文学史上，那些著名人物的创作经历、经验和创作动机。

而波伏娃，则致力于对文学创作的艺术手法和理论探索。往往他们之间不同的方向，又能够起到很好的互补作用。

4. 去柏林深造

> 当我活着的时候，我要做生命的主宰，而不做它的奴隶。
>
> ——萨特

德国在当时几乎成了欧洲大陆的哲学摇篮，许多怀着志向的青年哲学家，都希望能够去那里深造。

这时，萨特的同学阿隆已经在德国深造一年了。阿隆的哲学研究方向主要是历史存在与历史认识的关系问题。在那里，阿隆为自己的社会学与历史哲学打下了很深的基础。

阿隆的明显进步，大大鼓舞了萨特，他也决心去柏林继续深造。1933年暑假，萨特就离开了勒阿弗尔中学。9月，他得到批准，成为了一名柏林法兰西学院的研究生。因为过去柏格森哲学理论的影响，萨特决定把现象学当成他的研究方向。并且用了很短的时间，就完全掌握了胡塞尔的现象学。

萨特还是巴黎高等师范学院的学生时，胡塞尔曾经去过巴黎，作了一次题为《笛卡儿沉思》的演讲。那次演讲，激起了很大的反响，学生之间进行了一次又一次争论。那时，萨特已经被他的现象学原理所吸引。

来到柏林，萨特有幸得到胡塞尔亲自指导，因此，他很快就掌握了现象学的要领。现象学主要是发掘和鼓励人类意识里的一种内在冲动。它能够赋予这种内在冲动源源不断的原动力，从而把人类推向一个接近真理的世界。胡塞尔指出，现象学是关于人类意识和活动本质的一项科学。

不久后，萨特觉得自己的思想受到了很大影响，并对日后的方向起了决定性的作用。他甚至觉得，胡塞尔的现象学是一把真理的钥匙。因此，在这段深造的时间里，萨特全力以赴把精力放在这两篇论文上：《论自我的超验性》和《论胡塞尔现象学的一个基本观念：意向性》。

这两篇论文，是萨特探索现象学的一个重要起点。前一篇在1936年发表在《哲学研究》杂志上；后一篇在1939年发表在《新法兰西评论》杂志上。

在萨特看来，胡塞尔的关于意向性的学说，是他现象学最基本的一个环节上。正是在这个基本环节上，胡塞尔趋向于人类活动本质的原始途径上。而在研究意向性之前，萨特就已经开始意识到，在现象学中，"自我"有着极其重要的地位。

《论自我的超验性》有一个名为《一种现象学描述概论》的副标题，从这篇论文中，读者可以发现，在萨特晚些时候写就的一生中最重要的著作《存在与虚无》中，蕴含着很大部分的萌芽思想。

实际上，自始至终，萨特的哲学思想都贯穿着对"自我"的探索，这是他哲学思想的重点。

可以说，这两篇论文是萨特建立自己哲学体系的一个重要起点。这次柏林深造为期一年，属于公费留学。1934年的暑假，波伏娃去柏林与萨特相聚。他们还计划了一次旅游，先游览了德国的各大城市，然后畅游奥地利，最后去了捷克。

在旅途中，他们享受着有彼此在身边的每分每秒，沿途的美丽风景，让他们惊喜连连。同时，他们还尽情畅谈别后对哲学和文学的新发现。

他们提到了美国的著名作家福克纳，他的小说作品，主题重点描述了美国南部人们的生活状况，给读者提出了一种现实的残酷特征。比如，种族之间的歧视行为、土地被强制占有、南北战争和各种各样的犯罪活动等。

萨特很欣赏福克纳高超的叙述手法，故事在他的笔下，像魔术一般变得曲折又惊险。使萨特留下了很深的印象。受到萨特影响，波伏娃也开始看福克纳的小说，如《裁缝》、《喧哗与狂怒》、《当我临死的时候》、《圣殿》等等。

福克纳对小说中人物复杂性格的把握，让这对恋人赞叹不已。另外，他们还发现，福克纳善于用典型的人物，来揭露个人的不幸与丑恶社会的关系。无论是萨特，还是波伏娃，在这段时期，都深深受到了福克纳的启发，大大开拓了他们的创作思路。

另外一位重要作家对他们的影响更是不可言喻的事情他就是奥地利的作家卡夫卡。卡夫卡既是哲学家，又是一名伟大的作家。通过认真研究卡夫卡，萨特发现，卡夫卡和自己一样，从小就受到了法国作家福楼拜作品的熏陶。

萨特还发现，在卡夫卡大约25岁时，开始写一篇题为《一场斗争的描述》的小说，但是断断续续，始终没有把结局写出来，读者只能看到一些残留的片段，为此，萨特感到非常遗憾。

自1910年起，卡夫卡在报社担任一名编辑。萨特敏感地发现，这时的卡夫卡已经显露出把"存在"描述成一种绝对灾难的端倪。毫无疑问，这在萨特的心中引起了极大的震荡。

萨特读完《流放地》和《蜕变》后，为卡夫卡展露的虚幻人间和人世的焦虑生活感到痛心。除了这些，卡夫卡的另外两部小说从反面刻画人物，最让萨特感动，它们是：《城堡》和《审判》。

萨特认为，卡夫卡的这两部小说深刻地揭示了什么才是这个世界真正的苦难，而这些苦难的本质，是赤裸裸的。人类在这个苦难的大漩涡中，不停地被搅拌、旋转、努力挣扎，到头来，只是一场悲剧的幻灭。所有对自由和希望的追求，都是显得疲软无力，都是不具备力量的。

从卡夫卡的作品中，萨特还瞥见了一个闪亮的真理，那就是：人之所以成为人，历尽千辛万苦是必须的，而文学之所以成为文学，也并非轻而易举的，一定是要经历艰难险阻。

5. 三重奏

他们一定爱我，爱可以美化他们的生活。

——萨特

1934年10月，萨特刚从德国留学归来，马上又回到了勒阿弗尔中学教书。在见识过各种哲学流派后，萨特显得更加自信了。当他穿着休闲的运动服走进教室时，学生们一下就感觉到，眼前这位老师与众不同，并很快就被老师洒脱的做派征服了。

勒阿弗尔中学的总监很快就发现了这种现象，为此，他常常皱着双眉，但因为萨特引起了正面积极的力量，他并没有加以制止。

那时，学生们都这么说："嗨，老师看起来并没有教我们什么，然而，他所讲的一切，都是如此直白而肯定的事情，以致让我们觉得，其实在过去，这些真理我们自己都已经掌握了，只是一经老师指点，才突然发现这些宝藏。"

回到正常的教学生涯中，除了上课，其余的时间萨特更加专注地撰写哲学著作。早在1931年就开始着手写的关于偶然性的哲学作品，留学期间完成了第二部分，现在又可以继续写了，他初步打算，再用两年时间写完它。另外，他还忙着出版大学时写就的论文《论想象》。

为了写作，萨特真是拼了老命。有一天，他找到了老同学拉加斯，他是一名精神科的医生，并开了自己的诊所。萨特请他给自己注射一种药剂，这种药剂名叫麦斯卡林，是从植物仙人球中提炼出来的一种生物碱，注射后，能够让人产生巨大的幻觉。

拉加斯不解地问萨特注射的原因，萨特告诉他，自己最近在研究关于人的感觉，一时又找不到更好的资料，于是，他便决定亲身去体验这种感觉。他相信，只有这样才能写出更真实的感受。

注射后，药效在当天就发作了，萨特感到身心疲惫，手脚无力，精神难以自制，处于一种抑郁状态，还出现了各种各样的幻觉。他看到了无数的章鱼，它们到处吸附、乱抓，并密集地涌向前来。眼前还不时出现恐怖的巫师、套着袜子的骷髅、石雕的雨伞等。

波伏娃发现他说话颠三倒四，语无伦次，在他的眼里，所有的物体都改变了形状，他看起来像被一团巨大的阴影笼罩着。

为此，波伏娃担心极了，她立即把萨特送到了巴黎的医院。当天晚上，萨特就医结束后，波伏娃连夜陪他回勒阿弗尔。在火车上，波伏娃还不时地听到，萨特迷迷糊糊的呓语，说见到巨大的甲虫和黑猩猩之类的庞大怪物。看着这位拼命的朋友，波伏娃只能心疼地叹了一口气。

第二天，波伏娃为萨特找来一名自己曾经的学生，去小心照看他，因为自己还要上课，不能整天看着他。

这位名叫奥尔加的美丽姑娘，自从去年萨特去留学后，一直是波伏娃身边的亲密伙伴。奥尔加有着俄国的血统，皮肤白皙，性格活泼开朗，又充满朝气。在萨特感到不适的半年时间里，她扮演着迷人的小护士角色，每天耐心地料理着萨特的起居生活。

渐渐地，在萨特的心中，涌起了一种难以抑制的情愫。这股越来越强烈的好奇感，使他变得焦躁不安，他渴望得到奥尔加更多的关爱，他确信，她的温柔能够消除他生活中的烦恼。

奥尔加看起来也很喜欢萨特，因为他既温柔又风趣。但奥尔加并不想成为萨特的情人。她知道萨特和自己的老师是情人关系，她不会同自己喜爱的女老师去争夺一个情人的。

不过，没多久，奥尔加就发现波伏娃似乎并不反对自己和萨特发展情人关系。所以，有时她又和萨特暧昧一番，或者作出一种若即若离的姿态，让萨特抱有某种希望，但又不能实现。在处理这种关系时，奥尔加一方面是为了迎合波伏娃的意思，另一方面是为了激起波伏娃的嫉妒心而更爱自己。

不过，奥尔加一旦发现萨特对自己的态度越加认真了，并不断地继续向自己进攻时,她又感到一阵烦躁,甚至会大发脾气。

奥尔加这种飘忽不定的态度,让萨特备受煎熬,他无法断定自己的追求是否已经成功了。有时看起来,她对他已经有了明确表示,给了他肯定的特许权,有时,又仿佛什么都没有给他。为此,萨特整日焦躁难安,苦恼不已。

因此,在这段三人行的日子里,萨特和奥尔加的情绪总是阴晴不定,还经常吵架。萨特总是责备她任性,而奥尔加则抱怨他专横。

萨特之所以对年轻女孩奥尔加表现出如此疯狂的爱,是因为在他的内心,始终拒绝进入成年期,他要证明自己的生命力来挽救成年男子严重的精神危机。他总是希望过一种不平凡的、充满挑战和奇遇的生活,但现实恰恰相反,教学生活平淡,一切都按部就班。奥尔加的出现,就像青春的象征,引领他回到年轻的时代,激发了他追求冒险的心态,让他变得激情万丈,浑身充满力量。

然而,萨特对奥尔加疯狂的追求落空了,他始终渴望与她产生性爱关系,但看起来已经没有指望,也许正是这种状态,使他终生都对她抱有喜爱之情。1939年初,萨特的短篇小说集《墙》出版,在题词中,萨特将它献给了亲爱的奥尔加,还在戏剧《苍蝇》中,让奥尔加扮演女主角。实际上,这部戏很大程度是为奥尔加而写的,由此,奥尔加也成为了巴黎演艺界的知名演员。后来奥尔加和萨特的学生博斯特相爱了,并结了婚。

萨特就是这样一个痴情的人,即使奥尔加没有成为自己的情人,但也心甘情愿地为她做一切自己可以做的事。

其实,在三重奏的这段日子里,波伏娃发现,奥尔加确实给三人带来了新的改变和活力,也给萨特带来了久违的欢乐。在奥尔加刚来的那段时间里，萨特像换了一个人似的，变得年轻又爱开玩笑，特别是当奥尔加那银铃般清脆的笑声一响起，它就像甜美的甘露，注入萨特的身心，使他精神焕发。

回望过去，萨特是在两个女人无微不至的关怀下长大的，他的这种喜欢亲近女性的性格，是家庭的氛围形成的。幼年时，他一直享受着女性那种温柔体贴的爱抚，这种需要早已渗入萨特内心最柔软的地方。他觉得，女性能够使他感到舒心的温暖，同时，又得到一种安全感。

这使得萨特长大后，依然无止境地渴望得到更多女人的爱，以慰藉这颗害怕孤独、害怕受伤的心灵。虽然，波伏娃很优秀，也非常美丽，她在萨特身边既扮演好朋友的角色，又是亲密爱人。但是，很显然，一个女人所有的爱，并不能满足萨特身体和精神的需要，波伏娃永远只能是他的一部分。

虽然奥尔加没有波伏娃那么有学问，而且她还很稚嫩，对生活缺乏经验，但她不经意间流露出的可爱俏皮的模样，让萨特感到一种新鲜的触动。对奥尔加自己来说，她是自愿来到这里照顾萨特的，加入他们的生活，纯粹是出于一种新鲜和好奇。她想知道，这两个才华横溢的长辈，在生活中会是怎样的一番景象。

因为很多人当学生时，都会对老师抱有一种神圣的幻想。当然，最终奥尔加只能是他们生活中的一个小插曲，因为，她也有自己的人生道路要走，不可能一辈子跟他们过着三重奏的生活。

这种局面大概维持了一年多就结束了。后来，波伏娃为这段三重奏的生活，写了一本名为《女宾》的小说，1943年，小说正式发表。

第三章 战争时期

1. 选择

> 我活着是因为我已经开始活着了。
>
> ——萨特

萨特焦躁的情绪，又故态复萌，他常常感到心神不安。波伏娃发现，有时他为了一件很小的事情，就会变得沮丧，精神状态很不稳定，喜怒哀乐反复无常。

实际上，这时困扰萨特的，更多的是当前动荡的政治局势。有时，他发现逃避现实好像已经不能解决问题。目前频繁的叛乱事件，给萨特的精神带来了很大的冲击。

1936年的暑假，发生了一起轰动一时的"西班牙叛乱事件"，西班牙内战正式爆发了，独裁的佛朗哥企图趁乱夺得政权。

在萨特的日记中，他说这起叛乱事件有两年半的时间，一直阴魂不散地萦绕着他。

另外，萨特还从波伏娃那里了解到，现在在法国国内，左派势力与右派势力的矛盾日益尖锐。法国的左派势力，主要以法国共产党为主。右派势力则由法兰西运动、火的十字运动及多里约运动组成。

经过一段时间的酝酿，左派与右派的矛盾已发展到水火不容的地步，最终导致了一次大规模的冲突。

在动乱中，杜梅格（激进社会党人）乘机上台掌握大权，但他只执政了短短数月，就辞职了。萨特形容他为"过于天真的法西斯分子"，因为他在执政期间，试图修正第三共和国宪法的内容，以期缓解各种矛盾。

然而，很显然杜梅格的新政策根本就没办法扭转已经恶化的局势。这是他无法改变的事实。所以，到了11月，他实在顶不住各方的压力了，自动辞职。

当时，人民阵线由法国共产党组织，其中包括了很多左派力量。这时希特勒和墨索里尼等法西斯的势力，已经卷进了一种恶性膨胀，造成了世界经济危机的恶劣后果。1934年2月，法国国内的反法西斯力量已经进一步团结和发展起来。到了10月，人民阵线的代表多列士便提出，建立自由、和平、劳动的人民阵线。

萨特看到，自从德国希特勒上台以后，便目中无人地毁掉第一次世界大战签订的《凡尔赛和约》。他还公然地挑战英国和法国，并把莱茵河以西的地域划入德国的版图。

任何一个有血性的公民，看到这些暴力、丑恶的行为，都会感到气愤和忧虑。无疑，当前如此不堪的混乱局势，逐渐唤醒了萨特的社会意识。

萨特对波伏娃说道："纳粹德国的粗暴行径，简直让我火冒三丈。我要和尼让一样，采取一种反法西斯的立场。不过，我目前还不能得出一个最终的结论。"

从这之后，不断的烦恼与忧虑时刻困扰着萨特，他又焦躁地对波伏娃说："你看，烦恼掉到我头上来了，想躲，也没办法躲开了。"

萨特坚持在中学教哲学，一方面可以解决生存问题，另一方面他对这份工作并不厌倦。同时他还有最后的幻想，他想在这里做一名普普通通的教员。这样，可以让自己的社会义务缩到最小的限度。尽管他对纳粹感到无比愤怒，但这时他还不知道自己能够帮什么忙，况且，长期以来在他的脑子中，形成的唯一目标就是写作。

不过，无论萨特如何沉浸在个人的生活中，他还是难以避免某些烦恼的入侵，因为在他狭小世界以外的一切，社会已经臃肿、膨胀，战争一触即发。对这些，他不可能感受不到，这正是他感到苦闷的真正原因。

1935年至1936年，在这整整一年的时间里法国的政治形势变本加厉地变坏。拉瓦尔是一个法西斯分子，并担任着咨询议会的主席。他企图把法国与法西斯意大利结成友好联盟。

这时，萨特正在埋头写哲学小说《恶心》，但当他听到这个消息后，还是忍不住在日记中这样写道：

尽管在这之前，我给自己定的任务首先是写作，然后，在余下的闲暇时间里，过一种平淡愉快的生活。但是，就目前来看，这些似乎都要改变了，因为现实的情况好像不允许我继续充耳不闻。海狸曾经说过：对人民阵线，对反法西斯力量，我们表示赞赏和深切的期望。有时，我们走在大街上，看到那些人民阵线的游行队伍，那里头，有我们的朋友，我们的同学，而我们却站在一边，什么都不去干。这种不好的感受，将迫使我们放弃冷漠的态度，加入到其中，成为一名完完全全拥护人民阵线的公民。

1936年5月，法国举行了一次全国选举，从投票的结果来看，大部分法国人都反对法西斯的野蛮势力，而拥护人民阵线。

然而，这次选举的胜利，对人民阵线来说是不够稳固的。因为法国国内的经济和政治一直都处在动荡不安的状态。在没有更多明显的、有力量的大事件发生前，萨特只是偶尔发表自己的不满。

宣泄过后，他又把哲学研究放在自己工作的首位。而且还在不断挣扎，试图把自己的哲学与社会政治划出一条泾渭分明的界线。他还希望当前混乱的社会政治不要污染到他的哲学研究。

在这种精神拉锯的折磨下，萨特终于完成了《论想象》的修改和出版事宜。同时，他还开始构思名为《埃洛斯德拉特》的小说。

忙碌的写作，一直延续到复活节，波伏娃和萨特相约去度假，想好好放松心情，驱散这段时间以来一直笼罩在脑子里的各种阴霾。

他们去看了卓别林的电影《摩登时代》，看完后，两人的心情变得异常复杂。

卓别林的这部《摩登时代》，主要讲述的是，在现代文明的大都市中，那些隐藏在大工厂里时刻运转的冰冷机器，把工人的自由活活地吞并了。人类为了生存，没日没夜在工厂里工作，只是为了赚取极少的工资，他们不得不像一台机器一样，附属在机器的各个零件中。卓别林大师用高超的表现手法揭露了一幕幕悲惨的场面。

萨特和波伏娃看完后，感触非常深。这是他们大学毕业以来，第一次发现个人命运与社会之间的严峻关系。事实上，这种残酷的场面，在现实中，无处不在地真实上演着。正是意识到这一点，两人的心情久久都不能平复。

不久，法国国内实行全民选举，萨特听到这个消息后，并没有马上作出是否参与的决定。不过最后，他还是放弃了这次投票权。

很显然，这时萨特对外界的政治态度是：第一，对法西斯势力的发展，他确实是感到不满，但这种不满还没有达到能令他挺身而出的程度。第二，面对人民阵线，他表示精神上的支持，但还没有下定决心投入到反法西斯的行动中，因为他还试图坚守着自己的梦想，那就是一直以来想投身哲学领域的梦想。

2. 死亡的考验

为了使我被别人认识，
我应该拿自己的生命冒险。

——萨特

1936年7月，西班牙内战正式拉开序幕。萨特目睹了野蛮的法西斯势力是怎样对待西班牙人民阵线的。他们以强硬、残忍的手段介入到对抗西班牙人民阵线中。

萨特了解了这个事件的来龙去脉后，感到非常寒心。因为就目前来看，法国的政治形势与西班牙非常相似。

事实上，自从1931年起，西班牙国内的左、中、右三派的政治势力，就不停地斗得死去活来。德国希特勒明目张胆地支持佛朗哥领导的独裁军事力量。

萨特结合当前这些让人寒心的运动，给学生们上了一堂活灵活现的政治课。经过一段时间的慎重考虑后，萨特终于下了最后的决心，他要加入法国的人民阵线之中。因为他害怕有朝一日，法国会成为今天的西班牙，如果再不行动，可能就晚了。

他把这个决定告诉了波伏娃，波伏娃对他表示支持。

到了暑假，两人的教学工作又有了新的调动。波伏娃被调到巴黎的莫里哀中学教书，萨特被调往拉昂市的中学，继续教哲学。拉昂市位于巴黎的东北部，整个城市坐落在一个孤零零的山丘上。从前，这里是巴黎北部一个重要的军事要塞。

虽然，在拉昂的中学只待了短短一年，但是在这里，萨特无论在个人写作上还是教学的质量上，都有很大收获。

在这期间，萨特有如神助，用很短的时间就完成了名为《墙》的短篇小说。他把稿子投到《新法兰西评论》杂志，1937年7月正式发表。

对萨特来说，这篇小说有着深刻的意义。因为，这是他写就的第一篇具有浓厚政治色彩的小说。小说的题材直接取自西班牙内战的事件。它标志着萨特决心用这杆笔投入政治舞台中。

他对波伏娃说，他不再为自己写作，如果一个作家这么做，那注定是失败的。法国这种紧迫的形势，已不容萨特为自身作过多的考虑。那些让人痛心疾首的局势，让他终于惊醒了，他要为正义担起必要的社会责任。

严格来说，《墙》属于萨特成熟时期的第一部作品。它仿佛是萨特的一个条件反射，它的问世，是一种自然而然的产物。

《墙》主要是以西班牙人民阵线与法西斯之间的斗争为主线，赞扬了受压迫人民以一种激愤的心情，去把斗争坚持到底的精神。

大概的故事内容是：

三个共产党员（汤姆、巴勃洛、若望）被佛朗哥法西斯分子抓获后，被囚禁在地牢。经过多次审问后，三个人都守口如瓶，表现出宁死不屈的气概。最后，法西斯分子觉得实在问不出什么了，于是把他们判了死刑。

执行死刑的前一夜，法西斯安排了一名医生去探访他们。医生发现，面对死亡，三个人表现出了很不一样的精神状态。

汤姆坐在一个角落，他故作镇静，嘴里嘟囔着什么，以此来缓解心中的恐惧和不安。

若望最年轻，他表现出一般人面临死亡时所具有的绝望情绪。

巴勃洛感到心灰意懒，脑子一片空白，仿佛灵魂早已出窍。尽管他知道战友的藏身之地，但他宁愿选择死，也不会说出战友此时就藏在他表兄的家里。他没有任何动摇，他不想出卖朋友。

医生的出现，加强了三人的心理恐惧，这种无以复加的孤独感，让他们绝望得快要发疯。面对这样的判决，他们就像一只蚂蚁，无法把握自己的命运。

他们一夜未睡，恍恍惚惚熬到第二天清晨。若望和汤姆很快就被带出去枪毙了，听到那两声枪响，巴勃洛感觉自己快要崩溃了。然而，对朋友的藏身之地，他是绝对不会说的。

在执行枪决前，法西斯分子最后一次传讯巴勃洛。巴勃洛见他们还在没完没了地问相同的问题，于是，他想嘲弄一下他们，便随口说，他的战友藏身在公墓。

法西斯分子不知真假，但还是去了公墓，果真，那个共产党员就藏在那里，于是轻易地把他抓了起来。

原来，巴勃洛的战友因为害怕连累巴勃洛的表兄一家，早就转移到公墓那里。对这个荒谬的结果，巴勃洛感到这个世界太疯狂了，太不可思议了，最后，他泪流满面地大笑起来。

萨特通过这个巧合的故事，直接对法西斯势力进行了控诉。很显然，使用这种偶然使得故事里的仇恨来得更加激烈和惊心动魄。

它通过摧毁个人的自由理想，折射社会团体的命运。小说给读者呈现一种个体"存在"的无助气氛，他们想摆脱困境，但是面对铁一般的武装力量，他们无法改变自己的命运。

更深一层的理解是,萨特试图从这几个人物中证明:自我的存在,在经受死亡的考验时,只有一个结论,那就是必定走向一个否定的结果。

虽然至此萨特与马克思主义的观点,还没发生任何关联,他所做的,仅仅是出于支持正义的一方,然而,他已经把马克思主义理论有效地运用到实质行动中。

那时,萨特目睹了西班牙一批批无辜的牺牲者。对此,他说,这些死者带来了人生最大的荒谬。而这个荒谬给他的触动,比反法西斯者获得胜利还要强烈。

在写《墙》之前,萨特还受到了重要人物马尔罗的影响,后者是一位英勇的反法西斯战士。马尔罗在很年轻时,就表现出积极的正义感。世界各国都有他的足迹,只要是有益于人民进步的事件,他都毫不犹豫投入其中。马尔罗不仅是个革命家,还是个出色的作家。

在他二十几岁时,就不畏千难万险,历尽苦难来到了中国,为了支持中国人民的正义事业。那时,中国正处于反对帝国主义的北伐战争之中。马尔罗为此还写了两部著名的小说,它们分别是《人的条件》和《征服者》。

马尔罗对正义的革命事业,很早就觉醒了。他和苏联、中国、越南的革命者,都有过密切的接触和联系。他说,在人的一生中,始终要伴随着痛苦和死亡的考验。每个人活在这个世界上,都是孤独的。

马尔罗说:"对于我之外的一切人来说,我始终属于我的为所欲为。对我来说,人的生活只是生活本身所有行为的总和。而爱情,只是每个孤独心灵外的一堵围墙。事实上,没有一堵不倒的墙能够战胜孤独。人试图通过个人的小小作为,来改变命运,这是不可能的。因为命运是绝对值，它从你出生时，就已超出了你。因此，无论人的行为怎样变化，就算极尽你的一切所能，都只是一种有限的行为罢了。"

对马尔罗的观点，萨特深表赞同。他还多次引用马尔罗的句子，来概括自己关于存在主义的哲学观点。

萨特发现，马尔罗与自己有很多相似之处。他们都对自由表现出如此强烈的正义感，对个人斗争力量的有限性，都认识得那么清楚和彻底，而对掠夺、侵占、一切非正义，都表现出同样的愤慨。并且，他们都认为，孤独是人的本质特点。

不过，他们之间还是有不同之处的：

马尔罗更早觉醒，并且介入革命斗争的方式更加直接，他身体力行，冲到革命的最前线，用实际行动来支持正义的事业，从而也实现了自己的理想。因此，之前的西班牙内战事件发生时，马尔罗以无畏的热情，与西班牙人民阵线并肩站在一起，与佛朗哥法西斯进行了殊死的搏斗。

尽管马尔罗认为，个人的力量是有限的，然而，他还是努力作为一个奋不顾身的正义者冲到最前线，他说，这是出自人本性的一种自觉的行为。人虽然无法把控自己的命运，但他还是想试一试顺着这种理想，为人类的历史服务。

而萨特，他对正义事业虽然觉醒较晚，这与他的生活背景有很大关系。不过，此时他终于也走到了相同的道路上了，他已经成功地、明确地知道自己该怎么做。他要用自己的方式，用笔杆介入的方式，揭示各种黑暗的政治力量。

《墙》发表后，立即就受到了读者和评论家的一致好评。小说中巴勃洛的人物形象，给读者留下了非常深刻的印象，连著名作家纪德都发来贺电：

真是可喜可贺，很久都没有读到像这样令人高兴的好作品了。对这位作者，我们寄予很大的厚望。

好评如潮，萨特尝到了成功的甜头。7月14日是国庆日，萨特约了波伏娃一起欢度假期。他们开心地在广场上与人们一起跳舞，度过了美好的一晚。

不久，两人又去了马赛度假。他们登上了一艘名为"开罗城号"的豪华游轮，一边观赏两岸风景，一边探讨文学。最后他们来到希腊，在雅典上了岸。

在希腊游览时，那里的历史古迹还激发了萨特新的创作灵感。他想到把希腊的故事，运用到自己的剧本《苍蝇》中。对萨特来说，这是这次旅游最大的收获。

回到拉昂中学时，萨特收到了一个好消息，他被调到巴黎的巴斯德中学教哲学。如今，他和波伏娃终于双双在一起了。不必再为离别而伤感，也不必再来回奔波于车站，过着流浪般的旅途生活了。

3.《恶心》

> 我处处都是我，我不可逃避我自己，我从后面重新把握我自己。
>
> ——萨特

回到巴黎不久，令萨特更高兴的是，《恶心》终于可以出版了。

撰写这部小说，自1931年起萨特花了五六年的时间。

萨特写这部小说的初衷，是想通过小说的题材插入关于偶然性的哲学观点。其实，在这之前，他就尝试了把文学与哲学穿插进行，这是他一种独特的写作手法。

除了在小说中融入哲学观点，早在1931年，萨特还在他的戏剧《艾比默黛》、诗集《树林》、寓言《关于真理的传说》中，思考和运用关于偶然性的问题。

毫无疑问，这次完成的小说《恶心》，显然更加成熟了。波伏娃对萨特的这部小说也有过一些影响，正如她自己说的："《恶心》第一稿出来后，我发现这部论文式的小说，还重复着《关于真理的传说》中很多相同的观点。我曾多次建议萨特，用一种小说的形式，并且是侦探小说的形式去展现主人公洛根丁这个人物形象，由于侦探小说的叙事一般会采用某些悬念的情节，使整部小说更加有趣味性。最后萨特同意了，写完后他感到非常满意。"

《恶心》出版后，萨特的存在主义哲学体系从此诞生，这标志着他在哲学领域开创了自己独有的一面旗帜。

《恶心》中体现的存在主义，与哲学家海德格尔之前建立的存在主义不同。

海德格尔的存在主义是，从"我在"作为出发点，然后对这个"我在"的存在的时间性，进行本体分析，最终到达一种对"周围存在"的"忧虑"，又或者到达"死亡"自动产生的"恐惧"。

而萨特的存在主义是，从自我存在开始分析，在这个分析的过程中发现并且认识自我的虚无性与包围自我的那个外在世界的无限延展性，它们之间产生的矛盾。从而，发现身体向内行走的"无"产生的恐惧，并且对向外行走的世界，产生痛恨。最后，试图在一种绝对自由的自我创造中中，建立自己真正的未来世界，并超越那个痛恨的外在世界，以填补自我的虚无性。

萨特找到了自己的哲学语言，一个属于自己的哲学概念。在这个基本概念之上，萨特努力地加强、巩固，一步步发展起属于自己的哲学体系。

小说《恶心》的主人公名叫洛根丁，他是一个刚刚失恋的男青年，由于心爱的女人离他而去，他的精神到了一种快要崩溃的边缘。于是，他决定独自出去旅行，经过漫长无目的的游荡后，有一天来到了波维尔市，他在火车站附近的一个廉价旅馆住了下来。

这家旅馆，平常多数是接待一些旅行推销员。洛根丁这个颓废的知识青年在这个旅馆住下后，发现身边接触的各色人等都是一些唯利是图的人，他们表情僵硬、毫无生气。

在这之前，洛根丁始终沉浸在爱情的漩涡中，并坚持追求完美的时刻，完美的生活。然而，就在此时，他发现之前所付出的一切努力都化为乌有。这种突然的空白和虚无感，一直占据着他的脑子，甚至使他有些神志不清。在这座陌生的城市中，他整天浑浑噩噩，时常感觉不到自己的存在，从白天一直逛到很晚才回旅馆。

有一天，洛根丁经过市里的图书馆，便走了进去，在那里，人人都自顾自地低头看书，气氛平和安详。这一天之后，洛根丁天天都来到图书馆搜集资料，因为他突然想写一篇关于冒险生活的论文。

在图书馆的时间一长，洛根丁就结识了一位在这里自学的朋友。这是一位博览群书的人文主义者，在他引导下，洛根丁开始阅读各种各样的书籍。到了晚上，他常常去铁路员工俱乐部消遣。在那里，每晚都听同一张叫《在一些日子里》的唱片。

渐渐地，过去那些历史和美好回忆，洛根丁感到它们在一点一点消融。并且，还出现奇怪的幻觉，他仿佛觉得自己从未存在过，因为一切与面对眼前的陌生城市，他想不出有任何关联，很快他又陷入一种满满的虚空中，他始终飘浮着，无法着陆，始终不能相信一切真实的存在。

他觉得人生失去了意义，那些过去他以为是"浪漫的冒险生活"，如今看来，只是一种"曾经在一起的历史"罢了。

事实上，洛根丁真正的冒险生活，就是从这里开始的。因为一种奇异的"恶心"感始终像个孤魂野鬼般尾随着他。在这个"恶心"的泥潭里，洛根丁看不清是自己变了，还是这个世界在改变。总之，他极目望过去，发现花园、篱笆、笔直的路、旅馆、铁路都骤然让他作呕。

洛根丁终于认识到，"恶心"才是他冒险生活的全部含义。他发现，这种"恶心"是一个人存在的最直白的显露。这种丑恶的姿态，对存在来说是难以忍受的，不能理解的。

不久，洛根丁收到了弃他而去的女友的信。他发现自己曾经深爱的安妮，变得绝望和庸俗。离开洛根丁后，安妮对生活也迷失了方向，还放弃了两人一直追求的完美生活。

其实，在分手后的日子里，洛根丁和安妮都从生活不同的角度，发现了"存在"的真正含义。虚无不只找上了洛根丁，安妮同样也被虚无袭击了。他们都觉得，相互间已没有可以诉说的，一切都变得怪异、莫名其妙，被分开的时间也不值一提。

就这样，洛根丁又回到自己那个孤独的、虚无的泥沼。他想对别人倾诉，但又想到，别人都在自己的生活轨道上，正常运转，并没什么虚无可言。他感觉自己被遗弃在另一个孤零零的怪异的空间，从而，他发现了自己的存在，而外在世界忙碌的人们，却对他们自己的存在仍然毫无知觉。

这一天，洛根丁终于决定离开波维尔市，他要离开这个旅行推销员的旅馆了。晚上，他决定最后一次去铁路员工俱乐部，听最后一次唱片——《在一些日子里》。当熟悉的旋律响起时，他已不像过去那么悲伤和无望，仿佛还隐隐约约感受到一股正在萌芽的力量缓缓地涌进他的心。

萨特通过洛根丁这个典型的人物，给读者展示了一段突变的、虚无的人生经历。实际上，类似这种经历在每个人身上，都或多或少发生过。主人公能够从中发现，存在之所以存在，因为它本身就是"无"。这个"无"，通过人的"存在"而表现在人生中。

在现实生活中，人人都只看到表面的"存在"，而其实，这种"存在"只是一种幻象。人们看到华丽的表象后，认为自己活得很好，看不清本质的人们，以此为目标，努力获取那些"存在"。没成想，原来一切的"存在"的根基都是"无"。

所以，一个真正的"存在者"，一个看到事物本质的人，经过某些痛苦或坎坷的事情后，很快就能认清"存在"的虚无性。在这个认清的过程中，"恶心"是必经之路。

其实，萨特在写完《恶心》的第一稿之后，还作了第二稿的修改。第二次的修改，让小说的哲学含义更加明确，萨特还大胆地运用了一些比喻词和形容词。这一次修改，萨特还试图改名为《忧郁》。

对于《恶心》完成的一些细节，波伏娃在自己书中提到，说这部小说的出发点是对"冒险"和"荒谬"的反思。还说萨特想把自己的大学生活、对读书生活的感悟，融入到主人公洛根丁身上。

其实，从小说《恶心》中，敏感的读者可以从中瞥见卡夫卡荒谬世界观的影响，另外还有胡塞尔想象学的痕迹。

当萨特把《恶心》的终稿，拿到伽利玛出版社请求出版时，伽利玛出版社的总编加斯东认为书的质量不错，并建议萨特把题目《忧郁》改为《恶心》。萨特接受了这个建议。

1938年3月，《恶心》终于出版了。书发行后，法国的广大读者和评论家都一致表示出了赞赏的态度。萨特的好朋友尼让在《今晚》报纸上，还专门发表了一篇评论，写道："恭喜萨特先生，因为他将会成为法国的卡夫卡，一名伟大的作家就这样诞生了。"

《精神》杂志也有一篇关于萨特的评论，他们写道：

毫无疑问，《恶心》是我们这个时代，最好的作品之一。

《研究》杂志也发表了意见：

让我们吃惊的是，主人公洛根丁这个人物形象，比普鲁斯特的唯美主义站得还要高远。

萨特的作家朋友加缪，也在他主编的《阿尔及尔共和报》上，发表了对《恶心》赞扬的文章。

1938年12月的一天，萨特还接受了《玛丽安报》记者的访问，他这样说道："我以前的想法是，通过优美浪漫的形式，来表达自己的哲学思想。比如小说、寓言故事、诗歌、还有一些艺术作品等。然而，最后我发现这并不容易，因为对哲学的领域来说，它本身有自己技术性的问题，也有一些专属哲学的词汇。所以，当《恶心》还没有完成，我同时也在撰写另一部题为《论心灵》的心理学著作。这部新作，主要从现象学的观点进行展开，这是一部长达四百多页的作品，马上就可以和读者见面。"

尽管《恶心》在当时出版后，获得一致好评，但随着思想和历史的演变，萨特对自己的这部小说也产生了怀疑。在二十多年后，有记者问到他关于《恶心》时，萨特这样说道："对《恶心》我感到深深地遗憾，因为它并没有全身心投入战争中。那时的我，站在社会斗争之外，站在局外人的角度去写，显然缺少了很多现实意义。不过从《恶心》之后，我逐渐觉醒了，我开始虚心地向现实请教事情。因为在战争中，我看到过很多无辜的牺牲者，还有一些因为饥饿死去的孩子。很显然，在他们面前《恶心》是没有分量的。"

无论如何，《恶心》的出版，可以说是萨特人生的另一个新起点，受到了广大读者和文化界的高度关注。

这一年，萨特成名了。

4. 应征入伍

憎恨意味着承认别人的自由。

——萨特

1939年，欧洲的政治局势已变得非常紧张，眼看战争一触即发了。

这一年，对萨特来说，是一个重要的转折点。他从之前逃避与社会发生关系，到现在他主动地参与到现实斗争中，毫无疑问，这个转变让他的生活彻底改变了。如今，残酷的法西斯势力已经完全激发起他的正义感。

春天，萨特和波伏娃在法国南部度假时，传来各国的战争信息，他们都感到痛心疾首。当时，在亚洲，日本正肆无忌惮地侵略中国；在欧洲，希特勒领导下的德国军队竟然在没有征兆之下出兵侵略布拉格。

夏天，苏联为了赢得有利的时间，暂时与希特勒签订了互不侵犯条约。不久，希特勒就毫无顾忌地入侵波兰。

到了秋天，英国和法国联合起来，一起向德国宣战。

至此，第二次世界大战终于全面爆发了。

萨特于9月2日回到巴黎，立即就被召入军队。这是他第二次过军营生活，而且显然这次与上次完全不一样，这次他面对的，将是赤裸裸的残酷战争。

很快，萨特就被编入了南锡城的第七十师。然而，当波伏娃匆匆忙忙赶到南锡城为萨特送去必需品时，萨特又被安排到布吕马德。就这样兜兜转转，波伏娃终于找到了萨特，并在那里逗留了四天。

这次应征入伍，让萨特真切地领悟到"社会"的概念。因为在这里，每个被征入军队的人，都脱离了原来的生活、职业，如今，他们只有一种相同的身份，看起来大家来到这里，都是一副老大不愿意的样子。萨特还暗自纳闷，自己怎么会落到这个悲惨的田地。

那时，萨特才突然发现，原来大家都是有社会性的个人。在这之前，很多人都活在自己的天地中，以为自己就是老大，以为世界围着自己转。这次应召入伍，萨特还意识到，这是对自身自由的一次否定，让他懂得如何看清和把握自我与世界的关系。

萨特驻军的地方正好是外祖父的家乡——阿尔萨斯省。这个地方与德国接壤，物产十分丰富，主要出产煤和铁矿。因此，每次一打起仗，这里就会成为德法的必争之地。

后来，萨特又被派往莫尔斯布劳恩。在等候开战的闲暇时光里，萨特并没有消极颓废，而是投入积极的写作中。一部名为《自由之路》的长篇小说，就是在这种背景下开始进行创作的。

不管走到哪里，萨特都随身携带着一个小本子，以便随时进行写作。这时，这个本子上已经密密麻麻地写满了创作素材。这些，都成了他另一部重大著作《存在与虚无》的宝贵资料。

1939年11月1日，当波伏娃去军营探望萨特时，发现萨特正在撰写的《自由之路》进展非常顺利。对第一部分稿子，波伏娃细心读了一遍。在这部小说里，她马上就发现，在主人公特拉吕身上，有着萨特过去的一些影子。小说中，特拉吕是一名清高的知识青年，他拒绝介入社会生活。

波伏娃还发现，连故事的背景，萨特都选在了他们经常出入的花神咖啡馆。从内心中，特拉吕虽然支持反法西斯战争，但他这时还没有付出任何行动。波伏娃认为，这跟战前萨特的心理是一样的。

由于战争爆发，主人公特拉吕突然意识到自由，于是他向人们揭示了每个人都应该负起社会责任。那些袖手旁观的人，也要对战争负责，因为他们不搞政治也等于是一种加害。

读到萨特的这些文字后，波伏娃感觉萨特的思想有了很大的转变。事实上，一来到军营，萨特就意识到争取自由的必要性。萨特这样给"自由"下定义："自由，是一个人对自己存在的一种选择。"

萨特说，不论是精神或思想的矛盾，还是武器与武器间的冲突，自我在其中，既充当当事人，又充当裁判。人们一定要作出自己的选择，然后把所有一切都押上去。

在所有的问题前，人是自由的、真实具体的。悲剧的诞生，往往跟个人周围的环境和生活气氛有关，人一旦被束缚在某个地方，他只能被迫作出选择，而且，自己也找不出任何拒绝它的理由。萨特说，这就是人生最大的荒谬。

从《自由之路》的创作思路来看，萨特已经从根本上认清自由的意义，社会及历史的意义。他开始超越过去个人的生活圈子，而走进更广阔的社会环境中。

波伏娃看了一部分稿子，发现小说的主人公特拉吕，他开始没有选择介入社会和战争，是因为他还没看出介入的理由。而这时，他所拥有的自由，是没有力量的、虚浮的、抽象的，就像一块朽木漂浮在河面一样，他漂在历史的洪流上。实质上，这种自由，已经不存在任何价值。它是虚无，让这个人变得一钱不值，他永远也不可能成为自己，他永远也认识不到真正的自由。

在第二部分稿子的结尾，波伏娃看到主人公说出这样的话："我所有行为的后果，仿佛都被人偷走了一样。因为我所有的行为，本来就看不出任何目的。我实在不知道，为了那些无意义的行为，最终我将付出什么代价，不过，现在有一点我能够清楚地知道，那就是，到了我现在这个年龄，应该要懂点事了。"

虽然第二部分稿子结束时，主人公还没完全认识到自己应该介入社会。但是，一种对自我新的认识，已经在萌芽，人们已瞥见了一点希望之光。

事实上，第二次世界大战爆发以来，人们已开始认识到现实的残酷，那些从未经历战争的人和萨特一样，血腥的战场马上给他们上了人生最生动的一课。

到了2月，萨特得到了一个星期的假期。当他回到巴黎时，波伏娃发现他变得十分健谈，又滔滔不绝地和她谈起各种思想变化。他明确地告诉波伏娃，从今以后再也不离开政治。不过对将来履行什么样的社会义务，他还不能够预先断言。

假期转眼就要结束了，马上就要回到军营，萨特突然接到伽利玛出版社的消息，说他从前的作品《想象的事物》将编入《思想丛书》加以出版。事实上，这本关于现象学的心理探索作品，对后来法国的存在主义思想起着决定性的作用。它所阐述的存在主义哲学观点，不仅为萨特个人建立起完整的体系，也影响了法国其他存在主义思想的发展。

4月，萨特又获准了一次假期，这次回巴黎，萨特是为了领取一个名为"民众小说奖"的奖项，因为他发表的小说《墙》，受到了广大读者的喜爱，这无疑给了萨特很大的鼓励。他还与波伏娃进行了详细的交谈，因为他正准备撰写《存在与虚无》。

5月，从表面上看来，法国与德国还是相安无事，德国还未正式发兵进攻英法两国。于是，法国参谋长对法军的防线还抱着一种自欺欺人的幻象，自认拥有一条坚固的马其诺防线。

然而，在这种平静之下，德国军方已经紧锣密鼓，准备大举进攻荷兰、法国、卢森堡和比利时。

到了6月，一切都不可挽回了，看似坚固的马其诺防线一击即破，法国的军队溃不成军，敌人轻易得手，于6月14日占领巴黎。

5. 在战俘营的日子

> 内心贫乏和感到自己无用,
> 促使我抓住英雄主义舍不得放下。
>
> ——萨特

1940年6月中旬,萨特随着大部队转移到阿尔萨斯,这里是法德边境,也是外祖父的老家。

部队在阿尔萨斯驻扎后,还没有接到行动的明确指令,德国人就围攻过来了,而且瞬间他们的大炮已经把附近的一个村子夷为废墟。

德军的这些行动,萨特及其部队从高处的营地都可以看得清清楚楚。很显然,第二天敌军就要打到这边来了。这时,部队开始出现混乱和骚动,而最高的指挥官也显得犹豫不决,一时间不知所措,是迎面冲上去打呢?还是想办法避开对方的进攻?

最后,部队的指挥官竟然抛开整个部队,自己逃跑了。当天夜里,萨特和其他士兵都不知道这件事,仍然安心地睡了一夜。

第二天,天还没有亮,萨特和战士们就被一阵枪声和喊叫声惊醒。原来,德国人打进来了。他们赶紧穿上军装,跟他们走了出去,一出门全部士兵就当了俘虏。此时,到处喧嚷沸腾,德国人大声呵斥着萨特和他的战友,并用枪逼着他们往一个方向走去。

对这样不堪一击的马其诺防线,萨特感到非常震惊,然而,更令他悲痛欲绝的是，此时又传来好朋友尼让在前线阵亡的消息。

6月21日，他们都成了法国战俘。这一天，正好是萨特35岁生日。他和其他战俘一起，被押送到法国的南锡，就这样被关了起来。一直到了8月，他们这群战俘又被紧急转移到德国的特列夫城，这里离卢森堡很近。

在战俘集中营里，萨特给那里的神父上课，给他们讲德国哲学家海德格尔的哲学理论。这段被关押的日子里，萨特对自由的认识显然更加深刻了，而且，他还深切地体会到，团结每一个人的力量原来是何等重要。

萨特从未经历过这种特殊环境的生活，他甚至可以从人与人之间感受到一种温暖，因为他终于清醒地认识到，自己正是这个群体中落难的一员。

萨特变得非常积极，他慷慨地给大家演讲，并与他们细致交谈。每个人在这里都是平等的，所有的社会背景在他们身上都消失了，萨特与他们真诚相待，也从中学到了很多东西。

不久，萨特就在战俘营里，写出了一个名为《巴利奥那——神之子》的短剧。这部戏剧之所以能够诞生，是在巴日神父的支持下完成的。在那时，萨特与在集中营往来的德国神父关系非常融洽。因为这些神父大多数都反对战争的。他们跟萨特一样，向往自由的国度。

巴日神父对萨特说："法西斯把人类的同胞统统归入奴隶的行列，这显然是违反上帝的意志的。上帝是热爱自由的，因此，它甚至认为，与其让人类不犯错误，那还不如让人类坚持赢得自己的自由。"

很显然，巴日神父的这种信仰与人道主义的精神，得到了萨特的认可。在战俘营里一次激烈的讨论会上，巴日神父肯定了耶稣完整的人性。他认为，耶稣和其他婴儿一样，也是出生于污秽和疼痛的分娩，圣母分娩耶稣时，也是要经历苦难的。无疑，这个观点是无法得到他的那些同行认可的。然而萨特却毅然站出来，表示赞同，并慷慨激昂地说："对于耶稣降世的完美神话，人们用这种美感去描述他，实质是为让大家看到，在耶稣身上，有着全人类的苦难。"

这次讨论过后，大大鼓舞了战俘营里的士兵，并激起了他们反抗法西斯的斗志。

1940年的圣诞节，战俘营里上演了萨特的短剧《巴利奥那——神之子》。实际上，完成这部剧，萨特只用了几天时间。

萨特亲自导演，指导临时演员演出，同时他在剧中也扮演了黑人占星家的角色。萨特的朋友古尔布担任舞台效果和设计。剧中的对白，都是萨特在当时的战争背景下要说的话，整部剧充满了犀利的讽喻。

据《费加罗报》后来的报道，萨特的这部剧在战俘营中，激起了战俘们热烈的反响。不过戏演完后，手稿就被萨特弄丢了。万幸的是，在一些临时演员那里还保留着副剧本。

1941年3月，萨特对德国纳粹说自己只是一名文职的官员，并不是参战的士兵，希望他们把他放回法国。德军误信了这一说法，果真把萨特放走了。

重获自由的萨特，终于回到了巴黎。战争让他懂得了更多，同时，他已经决定，要为苦难的法国承担必要的社会责任。

回到正常生活中，波伏娃惊讶地发现，萨特整个精神面貌都改变了，仿佛脱胎换骨一样。他变得冷峻严肃，表情还有些僵硬，看上去又沧桑又凝重。

不久，萨特回到巴黎巴斯德中学教书。这期间，他频繁地与老朋友彭迪接触，是为了组织一个名为"社会主义与自由"的抗德团体。这个团体的成员以知识分子为主。但是由于始终没办法与法国共产党接上关系，另外，那些知识分子成员多数都缺乏斗争经验。因此，不久之后，这个团体就解散了。

法国出版界的最新动向，萨特也时刻关注着。最近他听说，美国小说家赫尔曼的《莫比·狄克》法译本终于出版。可以说，这是法国文艺界的一件大事。为此，萨特马上写了一篇评论文章，并于1941年6月21日发表在《喜剧报》上。

由于被德国占领着，这时巴黎的文学界几乎一蹶不振，因为抗德知识分子都拒绝对德国控制的报刊投稿。这次，萨特写的这篇激烈的评论，犹如文学界的一个惊雷，炸响了占领区里的文化界。

到了暑假，萨特骑着自行车一路旅行，为了联合各地的知识分子进行抵抗运动。他亲自拜访了革命家马尔罗，又来到作家吉特的家中做客，不久，还通过朋友结识了吉亚柯美迪。吉亚柯美迪是瑞士著名的雕塑家，萨特常和他一起探讨超现实主义创作的经验。

萨特十分欣赏吉亚柯美迪创作的雕塑，因为当他站在作品前，萨特感到物与人始终保持了一定距离，但它确确实实是存在的个人。

暑假的这次自行车旅行，大约走了1200公里，他向沿途结识的朋友介绍自己的"社会主义与自由"的组织纲领，不过，很多人都没有马上表态表示支持。

因此，萨特的这次环游计划，在政治上的收获是微乎其微的。这让萨特和波伏娃感到有些泄气，于是他们回到巴黎后，决定结束"社会主义与自由"的组织计划。

第四章　介入社会生活

1. 存在主义是一种人道主义

　　人是什么，只是指他过去是什么，将来并未存在。

　　现在是一个联系着过去和将来的否定，实际上是一个虚无。

——萨特

　　1942年，萨特过去酝酿并撰写的作品，纷纷趋于收尾阶段，这一年可以说是他的收获之年。其中，重要的哲学著作《存在与虚无》就是这一年完成的。

　　事实上，《存在与虚无》早在1933年以来，萨特就不停地进行构思与写作。不过，尽管酝酿的时间约十年之久，萨特说完成它主要集中在最后两年。

　　最初，萨特是在军营中利用空闲的时间，经过对哲学的深思，开始收集并写下各种片段式的素材。后来，这种大杂烩的哲学体系，逐渐出现了轮廓，并达到了一种系统化的体系。

　　那时，萨特每次放假回巴黎，都会把最近的所思所想，毫无保留地告诉波伏娃。波伏娃给了他很多中肯的意见。

　　萨特从战俘营被德军误释后，1941年，他开始正式整理和撰写《存在与虚无》。这本哲学著作，是人们了解萨特哲学思想必读的作品。这是他一生中，最重要的哲学作品。它所表现的思想体系，也是萨特思想最成熟的时期。因为，书中几乎总结了他从青年求学时期以来的哲学思考。

毫无疑问，《存在与虚无》是萨特从理论的形式上，对自己过去人生经历的一个总结。同时，也是以萨特为代表的小资产阶级知识分子，对当时西方社会持批判态度的真实、深刻的揭露。

对普通读者来说，《存在与虚无》作为哲学著作，可能读起来有些晦涩难懂。但只要结合萨特的人生经历，再认真地体味，就不难把握他的思想方向，及他对人生与社会的深刻阐述。对于用心的读者，收获总会比你想象得丰厚，所以不妨让自己静下心，赏读伟人的一次精神之旅。

萨特向外部世界提出疑问，他说，我们从中到底能够知道些什么呢？接下来他又为大家提供答案。

他说，一个人每天感受24小时的每分每秒，从中看到的，摸到的，都是确凿无疑的真实。除了这些之外，再无别的东西了。

他又表示，一个人对外界的所有认识，都是自身的意识活动的结果。实际上，在生活中，人们所面临的真实很可能是同一个事实。然而，具有不同意识活动的人，他们对事实的认识就完全不同，甚至相反。

其实，这其中每个人自身不同的意识形态，起着重要的作用。所以，萨特总结说，真正的外部世界，就是真正的内部世界。两者是相互融通的。虽然这个"唯心主义"结论早就被很多哲学家下过结论，但萨特认为，在那些基础上，还要从胡塞尔现象学的角度加以论证才是科学的。

萨特肯定地说："人注定是要自由的！"

萨特认为，自由的价值一旦被人们创造出来，那么人们就应该对自己的存在负责。所以，人们的责任和义务，就是一起来实行自由的原则。他还说，一旦在人们的心中点起了一盏明灯，那么上帝在那个人的身上，就不再具有威力，你就获得了真正自在的自由。

有一天，萨特根据"存在主义是一种人道主义"面向大众作了一次演讲，一个打扮雍容华贵的中年妇女问萨特："尊敬的作家先生，照您说，每个人都是旁人的地狱喽？"

萨特作了肯定的回答。

她马上眉开眼笑地接着说道："噢，这就是说，我自己就是天堂啦。"对于这种理解，萨特只是无可奈何地苦笑了一下。

萨特发现，成名并不是一件好事情，大家都把他当成了偶像，都希望他说出不同寻常的见解，要是他遵从人们的意愿，把自己包装成大家喜欢的样子，或许能够赢得更多喝彩声。然而，萨特是不会这么做的。成名后，萨特依旧我行我素，既不打扮，也不受任何约束，仍然毫无顾忌地出入咖啡馆和饭馆。

一天晚上，萨特和朋友吃完饭，正走出饭馆，旁边一个男人恶狠狠地盯着他，并对自己的妻子说道："瞧，嘿，这家伙也擤鼻涕！"

事后，萨特禁不住向波伏娃感叹道："嗨，对我来说，名声就是他人的敌意！"

不过无论如何，《存在与虚无》的出版，还是给萨特带来了更大的名誉，并奠定了他的哲学地位。

《存在与虚无》就像一个巨大的宝藏，很适合乐于探险的读者，它具有自身独特的色彩，同时，也具有鲜明的萨特个性。

萨特撰写这本著作时，是怀着一种强烈的创作冲动去完成的，就像有一种非写不可的欲望。这些，都是他对人生浓缩的宝贵体验。他用哲学形式，把它们通通表达了出来。就像他对波伏娃说的："生活和哲学，在我的身上已是密不可分的了。"

波伏娃对《存在与虚无》这样评论道："在《存在与虚无》中完全没有辩证法。"

萨特回应道："确实如此。我从《存在与虚无》发展到一种辩证法的思想。"

一位美国哲学家问萨特："请问您是什么时候发现的辩证法？"

萨特说："很晚，很晚，在写完《存在与虚无》之后。"

美国哲学家听了感到非常惊讶："在《存在与虚无》之后？"

萨特点头道："没错。其实在上大学后，我就知道了辩证法，但一直都没有机会运用它。"

事实上，《存在与虚无》是萨特为自己过去的经历做的一次总结。在书的结尾处，他预言要接着写一部长篇的伦理学著作，来深刻探讨关于人的自由和价值。

十几年后，因为这个设想，萨特写就了另一本重要的哲学巨著——《辩证理性批判》。这是一本关于历史的构成与人自由的哲学著作，也是一本辩证法著作。

它既是对《存在与虚无》的继承，又在许多方面，扬弃了《存在与虚无》中不成熟的观点。同时，《辩证理性批判》也很好地回答了《存在与虚无》已经提出的，但一直未能解决的问题。从而，我们可以看到，萨特的哲学思想，又达到一个更新的层面。

2. 戏剧和小说

> 一个人的自由被他人的自由上了枷锁。
>
> ——萨特

1941年，暑期结束后，迎来了新的一个学年，而这时，萨特离开了巴斯德中学，去了孔多塞中学任教，在那里，他主要为准备升大学的文科预备班的学生上课。

这段时间，萨特除了上课，还撰写剧本《苍蝇》。其实这部剧早在1937年，萨特就开始收集素材，并搭建了基本的架构。那年他和波伏娃正在希腊旅游，那里的历史遗迹，给了萨特很大的启发。

从希腊回来后，希特勒发动的残酷战争，让萨特满腔激愤，他决定写一部戏剧来揭示希特勒占领巴黎时，人们过着愁云惨淡、地狱般的日子。有的朋友说："萨特的这部《苍蝇》，爱恨表现得如此分明，主题如此明确，《苍蝇》是萨特对希特勒占领巴黎时的一种嘲讽和影射。当剧中人物贝当要法国表示忏悔时，当现有的秩序致使领袖和统治阶级走向反叛和提倡奴役时，另一个剧中人物俄瑞斯忒斯便站出来。他号召大家，为了保持个人的尊严和自由，一定要誓死进行抵抗。萨特通过俄瑞斯忒斯的嘴说，人灵魂中的自由意识，一旦爆发出来，他将威力无穷，就算是神，也对他无可奈何。"

《苍蝇》是一部三幕剧，但每一幕又有几场戏。戏剧一开场，首先就给观众展示了一个位于阿尔戈斯的广场。朱庇特作为万物之神，在从前被人们不断尊崇为至高、全能的形象。在萨特的这部戏里，却是一个满脸血污、眼珠失神、发白的形象。这是萨特刻意营造的效果，他有意减弱朱庇特的强大威力，以此体现出他敢于蔑视权威的态度。

用心创作这部剧，也是萨特目前能够做到的，体现他抵抗和介入社会的形式。他对波伏娃说道："这是一个悲剧，也是历史命运的一面镜子。尽管这是一个悲剧，但我想写出一个真正体现自由的悲剧。你看过去历史浮沉的那些事实，他们只不过是把自由倒转过来了。历史的俄瑞斯忒斯是没有罪的，因为他早已超脱罪恶。在我的这部剧中，我把他写成一个为自由牺牲的人物，就像另一个悲剧人物俄狄浦斯，他为自己不可改变的命运牺牲一样。俄瑞斯忒斯会一如既往走自己的路。虽然这是一条无法判断其公正性的路。但是，他就这样一直走着，无须别人的批判，无须别人的原谅，他义无反顾，孤身一人，勇敢地走在这条路上，就像一个伟大的英雄一样，就像任何一个平凡的人一样。"

萨特之所以创作《苍蝇》这个剧本，其实还受到另一部剧的刺激。它就是巴洛曾经导演的《哀求者》。看完那部剧后，萨特便暗暗下定决心，也要写一部关于人类命运与现实关系的悲剧。

萨特认为，尽管人人都想得到自由，但是，想要获得真正的自由，必须有一个奋斗与牺牲的过程，人们要为此付出巨大且艰辛的努力。然而，萨特又发现人的本性往往让人无法控制自己的许多行为，而最终导致还没获得自由，就先酿成了一场无法挽回的悲剧。

在萨特看来，这种悲剧的产生是人们在追求自由的过程中，并不真正领悟自己的责任与义务，往往糊里糊涂、莫名其妙地就被推向难以言喻的深渊。

当剧本《苍蝇》写到一定程度时，萨特又向波伏娃进一步阐述自己在剧中安插的讽喻。他这样说道："我打算让这部剧发展成一部论述自由的悲剧，并且与命运的悲剧相对立。因此，我把《苍蝇》的主题归纳为：当一个人面对自己的行为所造成的后果时，他作为承担后果的当事人，应该如何应对这个后果呢？之所以提出这个问题，因为它跟人内在自由是不一样的。对这种内在自由的原则，某些哲学家总是能够找到超出命运的理由，然而，我发现，这种自由永远只停留在思想的层面，没有表现出实质的意义。我想要表达的自由，是一种从良心上体现的自由，而非意识上的。"

波伏娃认真地听萨特讲完这些，她感觉到，萨特对社会与自由有了新的认识，那应该是受到1940年前后社会局势的影响。那时，希特勒控制下的法国，法国的维希政府迫使人民接受现实，并希望一直保持这种秩序。

1941年6月17日，法国的埃吉斯特将军在全国的广播中这样说道："你们必须强忍疼痛，并且作好长时间忍痛的准备，因为，我们所造成的、需要忏悔的过失至今还没清偿。"

很显然，萨特在《苍蝇》中，对这种"莫须有"的"忏悔"表示了严厉的批判。因为它为那些投敌、叛变、自首等行为，提供了最好的庇护所。它实质上是一种自我安慰、自我辩解的借口罢了。

一直到了1942年，剧本《苍蝇》终于写完。1943年由伽利玛出版社出版。到了6月，萨特和杜林商量后，希望由他导演这部戏剧，杜林答应了。连萨特之前的情人奥尔加也在其中演一个角色。因为这时，她刚好在戏剧学院学演戏。

很快，《苍蝇》开始进行排演，它将给被德国占领时期的巴黎带来新的希望和精神食粮。《苍蝇》排演结束后，按计划在巴黎的都城剧院举行公演。观众看完走出剧院后，纷纷给予了好评。接下来，剧团的演员连续演了25场。到了这年的秋天，这部剧又一次上演。

故事以俄瑞斯忒斯重返阿尔戈斯城一步步展开。由于15年前他的亲生父亲被母亲的情夫杀害，这次，他终于决心回来复仇。

不过，剧一开始，这个年轻、英俊的俄瑞斯忒斯就表示出自己的犹疑。他说："也许，永远不介入，才是最好的办法。啊！无论是什么样的行动，假如能让我成为这个城中的一员，成为这里有公民权利的一员，哪怕让我去杀死自己的母亲，我也愿意！"

其实，15年来，妹妹每天都在城中等哥哥来报仇，等他来解救城中的老百姓。然而，俄瑞斯忒斯的性格并不够坚定，他软弱、心地善良，是一名好青年。

不过，最后他还是作出了选择，他要杀死奸夫和母亲，为死去的父亲报仇。然而，当他把这个决定告诉妹妹和朱庇特时，他们都表示否定。原来，妹妹所谓的复仇梦，只是停留在思想上的、一个成了习惯的梦想罢了，当哥哥真的下决心这么做时，她就不答应了。而万物之神朱庇特对他的这个决定也表示谴责。没办法，虽然俄瑞斯忒斯很想成为城中的一员，但最后还是再一次选择离开。

当俄瑞斯忒斯离开阿尔戈斯时，无数苍蝇追随在他身后，而那些苍蝇都是复仇女神的化身。他本来想拯救城中的老百姓，然而，显然那里的人都不需要他拯救。他走时，人们还向他扔石块。整部剧的演出，人物形象鲜明、生动，深刻地体现了萨特存在主义的自由观。

对《苍蝇》成功上演，《喜剧报》在1943年6月19日那期，发表评论说："虽然《苍蝇》上演后，各界褒贬不一，并且一些媒体还保持了审慎的态度，然而，在我们看来，这部剧给人们带来的思考是如此地深刻。对普通的年轻人来说，它能唤起人们对自由的新觉醒；对知识分子来说，它开辟了一个崭新的世界。这种独特的视角与讽喻，给我们留下了非常深刻的印象。"

当时的评论界，有意回避谈到《苍蝇》的政治问题，他们多数只从艺术的审美角度进行评论。

在《苍蝇》首演的当天，还出现了一位重要人物。他就是阿尔贝·加缪，并且这次会面后，萨特和他开始了一段崭新的友谊。

《苍蝇》的写作完成后，萨特又写了短篇小说《心灵之死》。它后来编入了萨特的论文集《寂静的实施》。它的主要内容，基本上与萨特自己的思想发展过程和生活经历相吻合。可以说，是萨特这一时期的思想日志。小说描述了不堪一击的马其诺防线及法军溃不成军的惨象，给萨特的心灵留下了不可磨灭的创伤。

当萨特置身于这个被德军轰炸过的、噩梦般的城市时，他的心情一直很沉重。对此，他保持着沉默，并在心中不断地自问自答：

"这是真的吗？这是真的。"

残酷的战争，颠覆了萨特过去所有的认识，他突然发现自己一无所知。他不敢相信，那个平日热闹祥和的巴黎，怎么会发生战争？怎么会有冷酷的德国人在驻守？

萨特想象着，自己平常在巴黎进出的咖啡馆，现在里面全挤满德国人，这让他感到恶心。而且有一段时间，他无法控制自己不去想这些画面，然而，每每想起，心又如刀割一样疼痛。

那个曾经美好的、雾气蒸腾的金色的巴黎，一切萨特所能想到的美好的景象、所有曾经珍爱的东西，都在他心中引起了强烈的对比。他喃喃地说，有人在谋杀这些美好的回忆，有人在破坏我们的家园。

侵略者种种罪恶的行径，给萨特的灵魂留下了真正痛苦。正是这种强烈的痛苦，让萨特决意站起来，用实际行动去参与、去反抗。

那时，他刚从军营回到巴黎，急于想找到一种最有效的介入方式。不过这种探索的方式，显然没能够奏效。但他并不打算就此放弃，他告诉自己要继续抵抗，斗争到底。

到了1943年，萨特终于与正义的事业接近了一小步，年初时，法国共产党邀请他加入作家委员会，这是人民阵线一个重要的外围组织。加入之后，萨特为这个组织发行的地下刊物《法兰西文学报》写了很多文章。

在平常的日子，萨特和波伏娃经常光顾花神咖啡馆，在那里他们和新旧结交的朋友畅谈文学与政治局势。这段时期，他们的小团体以萨特和波伏娃为中心，其他的成员有著名作家加缪、萨特曾经的情人奥尔加、奥尔加的妹妹婉达、波斯特、波伏娃的学生丽丝等等。

不久，他们的这个小圈子越扩越大，新旧朋友都在花神咖啡馆来来往往，虽然日子从表面上看起来有些轻松，然而实际上，在大家的心中，都笼罩着一个恐怖的阴影。因为此时，德国纳粹还在蹂躏他们的家园，他们经常听到一些朋友被迫害或被谋杀的消息。

这种人心惶惶的日子，考验着每一个巴黎人。不过战争倒使人们团结得更加紧密了。在这段患难与共的日子里，萨特和波伏娃的感情也越加深厚了。他们表现出一致的精神高度，他们对彼此要做的事情都表示出最大的理解和支持。

萨特说，波伏娃是命运给他的独一无二的恩赐。

3. 嫉妒·反抗

> 青春这玩意儿真是妙不可言，外部放射出红色的光辉，内部却什么也感觉不到。
>
> ——萨特

萨特回想起刚刚过去的战争，不禁感到一阵揪心的疼痛，在那些艰难的日子里，萨特和波伏娃就像一对患难夫妻一样，相互鼓励，相互扶持，彼此都视对方为自己的精神支柱。

在萨特的一生中，大概有过两次要和女性结婚的决定。一次是波伏娃大学毕业后被分配到马赛，如果结婚他们就可以分配到同一个城市了，但这个决定被波伏娃拒绝了。

另一次是，萨特向曾经的情人奥尔加的妹妹婉达提出了结婚的要求，他们之间的感情，除了男女关系外，更多的是婉达对萨特有一种强烈的依赖感，而萨特也十分享受这种保护者的角色。就在萨特写信向婉达提出结婚后的两天，战争局势突变，荷兰向德军投降了，德军马上就攻破了法国在色当的防线。于是，萨特连忙给波伏娃写了一封信，让她尽快把奥尔加和婉达送离巴黎。

其实，在以萨特和波伏娃为首的小圈子里，奥尔加、婉达等人都像自家人一样亲密，彼此间又充分尊重各自的自由，所以这种相处一直都是和谐友好的。

不久之后，波伏娃身边又多了个年轻美貌的姑娘，她叫纳塔丽，也是一名白俄女孩，性格有点像奥尔加，但更加任性。纳塔丽来的时候，萨特已经应征入伍，因此，波伏娃经常向她介绍萨特的各种情况，而这个还不懂事的女孩甚至幸灾乐祸，她说，希望萨特不再回来才好呢，这样她就可以一直占有着波伏娃的宠爱了。

有一天，纳塔丽和波伏娃讲着讲着，情绪突然激动起来，大声喊道："我希望他在外面死了才好呢！"

因为波伏娃总是向她讲萨特在外面服役的情况，这让纳塔丽非常嫉妒，她甚至还说："你的那位情人，总是把自己想象成一个天才。"

后来，听说萨特回来了，纳塔丽非常不高兴，因为独占波伏娃感情的企图，眼看就要破灭了。萨特和波伏娃有一天上街，纳塔丽竟然偷偷跟了他们一整天，当他们在一家咖啡馆里坐下来时，纳塔丽就站在街对面，充满敌意地瞪着萨特。

波伏娃发现她后，向她招招手，她就粗鲁地走了过来，脸色非常难看。萨特对她友好地笑了笑，并邀请她一起喝咖啡。纳塔丽这才放松了一些，也勉强回敬了萨特一个微笑，在他身边坐了下来。

随即，纳塔丽拿出一枚别针，孩子气地说："要不是看你还算客气，样子还算讨人喜欢，我就打算用它来扎你了，我把它带在身边，就是为了这个。"

萨特和波伏娃一听，都没当一回事地笑了，继续谈笑自若，这让纳塔丽有些恼火。

几天之后，萨特和波伏娃约定在花神咖啡馆见面。萨特走到半路，被纳塔丽拦住了，纳塔丽对他说："波伏娃让我来通知你，见面的地点改成三剑客咖啡馆了。"

萨特信以为真，和纳塔丽一起来到三剑客咖啡馆。一路上，他们谈了不少话，在咖啡馆里，他们等了一个多小时，但波伏娃始终没有露面，这时，纳塔丽才平静地说：

"我是骗你的，她根本不会来这里。"

萨特一听，非常生气："这到底为什么？为什么要捉弄我？"

纳塔丽满不在乎地回答道："我只是想和你谈一次话，我想了解自己的对手到底是一个怎样的人。"

萨特听她这么说，又好气又好笑，真是哭笑不得。不过自从这次谈话之后，纳塔丽对萨特的敌意减少了，并开始有点喜欢他了，她终于接受了萨特存在于波伏娃身边的事实。

平常，波伏娃和萨特不但要解决自己的生存问题，还要接济奥尔加、婉达和纳塔丽。波伏娃还因此戒了烟，在其他方面也是能省则省。

对于吃的方面，波伏娃不是特别能忍，戒烟倒是可以承受。相反，萨特对吃要求并不高，只要能吃饱就行，但如果没有烟，那可真是要了他的命。由于战争时期整个巴黎陷入了物资匮乏的状态，萨特经常在三剑客咖啡馆外面的路边捡一些烟头，把它们揉碎后塞进烟斗继续抽。

尽管这时的巴黎，笼罩着一种不安和恐怖的气氛，德军对占领区人民的镇压，并没能阻止巴黎知识分子各自去寻欢作乐。

有一次，莱里斯在自己的家中组织了一次朗诵会，而朗诵的内容，正是著名画家毕加索一个名为《尾巴的欲望》的剧本。萨特和波伏娃也参加了这次朗诵活动。当晚，所有来宾都向毕加索祝贺。

朗诵会到了晚上11点，基本就结束了，大多数客人告辞走了，而主人热情地留住了几位好朋友，他们打算把聚会闹它一个通宵。这种行为在当时是被禁止的，因为已经实行夜间戒严，他们的这种行动无疑是对德军的一种反抗。

萨特还动情地唱了两首歌，它们是《夜间的蝴蝶》和《我把灵魂出卖给魔鬼》。作家加缪和莱里斯则朗诵了他们喜爱的戏剧片断，都体现了对德国人把巴黎变成大集中营的一种反抗。

这次朗诵结束后，没过多久萨特和波伏娃又参加了几次这样的通宵宴会，实际上这都体现了一种被压制后的反抗精神。就在宴会的窗外，到处是呼啸的警车和残酷的现实，死亡和危险每时每刻都在威胁着他们，但在狂欢的时光中，巴黎的人们仿佛在绝望中重新燃起了星星点点的希望之火。

不久之后，萨特通过纳塔丽认识了一位名叫贾科米泰的画家。他本人长得非常帅气，一头乱发，腿有点瘸，走路需要挂着一根拐杖，这是在一次车祸中造成的。

萨特和贾科米泰一见如故，兴趣和性格都非常相投。他们都对自己所要做的事情非常执著和勤勉，甚至不顾一切。贾科米泰坚持他的艺术创作，萨特则痴迷于文学。

萨特很喜欢听贾科米泰讲艺术上那一套见解。他可算是找到知音了，因此他们常常一起在咖啡馆里见面、聊天，好像没有厌倦的时候。后来，萨特对绘画作了专门的研究，并写了很多这方面的文章。

这段时期，纳塔丽还经常和美国人打交道。她经常在咖啡馆和那些海军陆战队的士兵搭讪闲聊，然后对方会邀请她一起喝一杯，或吃一顿，最后她就带着各种物品回到自己所住的旅馆，那些物品往往都是巴黎匮乏的东西，比如茶叶、骆驼牌香烟、速溶咖啡和猪肉罐头等等。

有一天，纳塔丽同一个金发的大个子交上了朋友，后来才知道，原来他就是美国著名作家海明威的弟弟。那时，海明威作为一个战地记者来到巴黎采访，而他的弟弟这时是来探望他的。纳塔丽把这个消息告诉了萨特和波伏娃，他们都表示希望一起去见见海明威。

于是，双方约定后，一天萨特和波伏娃来到了海明威下榻的旅馆。只见海明威身穿宽松的睡衣，躺在一张床上，桌子上摆放着一些刚喝过的苏格兰威士忌瓶子。他一见到萨特和波伏娃，就猛地站了起来，张开双臂紧紧地和萨特拥抱在一起，并激动地说："你是一名将军，我，我只是个上尉。你才是一名真正的将军！"

就是在这种热烈的气氛中，他们一边喝着威士忌，一边谈话。这时，海明威正患了流行性感冒，但看起来仍然精力充沛。一直聊到凌晨3点，萨特实在困得不行，就在一旁昏昏睡去了，而海明威和波伏娃一直聊到了天亮。

4. 他人即地狱

我们痛苦，因为我们自由！

——萨特

1943年1月，一个好消息传到了巴黎，萨特和波伏娃得知，德国纳粹在斯大林格勒被严重挫败。他们感到非常高兴。于是，在一些左派知识分子的建议下，他参加了法国作家协会举办的会议，这个会议由法国共产党员吕阿德和一些诗人来主持。

那时，萨特的好朋友阿尔贝·加缪刚刚完成了他两部重要的作品，分别是《局外人》和《西西弗斯的神话》。加缪作为主编，已率先加入到地下报纸《战斗报》的编辑工作中，实际上，他已秘密领导着法国解放运动的战斗小组。

《战斗报》主要为各地的战斗小组搜集情报。这时，萨特虽然和加缪认识不久，但由于精神和行动上志同道合，他们的友谊已经非常深。萨特在加缪的带领下，经常加入到战斗小组的会议讨论中，并为《战斗报》撰写匿名文章。

在萨特和加缪还没认识之前，萨特就为加缪的小说《局外人》写过一篇评论。这篇评论于1943年2月，发表在杂志《南方手册》上。萨特由衷地赞扬了《局外人》的艺术成就和社会意义。

在萨特看来，加缪这篇小说的内涵很有深度，他赞赏加缪对世界的认识，有自己独特的见解，并对人生作出了尖刻和深刻的理解。

很显然，加缪的这篇小说给萨特留下了非常深刻的印象。他说，《局外人》是证实"世界是荒谬的"最好的证明。《局外人》通过看似冷漠的主人公默尔索的行为，揭露了个人与社会的对立关系。

萨特发现，在《局外人》中，加缪把个人与外部生存环境极其不协调的状态表现得淋漓尽致。对个人的生存条件来说，它的本质不是别的其他什么，而是人类社会本身。加缪说："荒诞不在人的本身，也不在外部世界，荒诞在于两者之间的共存状态。当你认识到这两者的对立关系，那么，你就知道荒谬是什么样子了。人的存在，是以荒诞作为前提的。撇开了人，荒诞也就无从谈起。假如你开始承认荒诞的存在，这仅仅只是个人的出发点。我们认识荒诞，最重要的是，认识之后，知道自己对它采取什么样的态度。这才是荒诞最终要解决的问题。"

毫无疑问，萨特从加缪的身上，读到了反抗与挑战的精神。这就是加缪行动的准则。他还发现加缪把自己对荒谬的认识比作哲学家笛卡儿普遍怀疑的方法论，以此来深度探索人生获得幸福的可能性。

在加缪的另一部哲学随笔《西西弗斯的神话》中，他塑造了一位极为经典的、反荒诞的英雄形象。这位大英雄，他的命运从一开始就被安排好了，天神为了处罚他，让他一次又一次把大石头从山脚推上山顶，如此日复一日，循环往复。最后，他把这种永无休止的痛苦转化成挑战的力量，他开始蔑视命运，敢于正视巨石给他带来的一切。结尾，加缪赞扬了这位英雄，把他称为"天上的无产者"。

萨特看过加缪的这些著作后，发现他与自己有很多相似的地方。首先，加缪在大学学的也是哲学，同时，加缪也热爱写作，对文学很感兴趣，且素养很高。这两点，恰恰和萨特相吻合。因此，他们顺理成章就成为了好朋友，并且都很赏识对方的才华。

萨特比加缪大八岁，萨特是土生土长的法国人，加缪是出生于北非阿尔及尔的欧洲人，他的祖籍和萨特外祖父的出生地一样，都是在阿尔萨斯。

两个好朋友幼年的命运，也有相似的地方。在他们年幼时，他们的父亲都早早地过世了。不过，萨特比加缪要幸运得多，加缪从小就经历了贫困与病痛的折磨，而萨特至少有外祖父替他遮风挡雨，还受到了良好的读书教育。可以说，加缪很早就尝尽了人间的苦楚，因此，他比萨特更早地觉醒，更早地投入到现实的社会斗争中。

加缪还在阿尔及尔大学念哲学时，就秘密加入了共产党，并积极参加各种社会活动，也经常为报刊杂志撰写文章。因此，加缪较早就成名了。

当萨特发表小说《恶心》后，加缪马上就发表文章，给予极高的评价，并提出了一些批评建议。因为加缪发现，萨特在小说中对人的丑恶放得太大，而忽视了人自身的伟大之处。萨特经过反思后，觉得加缪说得有道理，而且，他从一开始就对加缪怀着某种敬佩的心理。

1943年，萨特暂停了《自由之路》的写作，因为他决定投入到剧本《密室》的创作中。而且，他已经想好，《密室》里的加尔森由加缪来饰演再合适不过了。

萨特的作品中流传最广的一句台词，就是出自《密室》这部剧。这句经典的台词是：他人即地狱。它淋漓尽致地体现了具有鲜明萨特风格的存在主义哲学观。在萨特看来，想要一个人受到世上最痛苦的折磨，不需要使用任何恐怖的刑具加以惩罚，只要有旁人在场，那就是一个人最大的、全部的痛苦。

实际上，人自从出生后，就要被迫接受各种各样的存在，比如，善意的目光、安排好的社会背景、生活环境等等。在萨特看来全部这些都是制造地狱的客观存在。本来，萨特是不相信有地狱的，也不相信人有轮回。

然而，有一天他突然发现，当一个人死后就要受到活人的摆布。他们对这个不再有语言、行动能力的死者，进行单方面的批判、讨论。这时，萨特觉得这对死者完全不公平，因为无论对错，死人都没办法反驳。他觉得那些评论死者的"他人"，就是死者本身的地狱。由此，萨特觉得这个现实世界是何等荒谬，何等难以理解，何等恶心！

《密室》是一部独幕剧，全剧只有四个人物：加尔森、伊奈司、埃司泰乐和服务员。这部剧与剧本《苍蝇》一样，也是以神话为题材，进行象征性和寓言式的说理。

假如说《苍蝇》是站在正面的立场，对善与自由进行选择的话；那么，《密室》就是从反面的立场，进行恶与自由的选择。

最后，加缪并没有答应做《密室》的导演。于是，萨特找了导演卢罗来指导演员排演。经过几个月紧锣密鼓的排练，1944年5月27日《密室》终于在老鸽笼剧院进行了公演。

演出后，《密室》获得了巨大的成功，来自观众和评论界的好评如潮，他们纷纷对这部剧给予了极高的评价。一夜之间，萨特的名气在巴黎的文学、哲学、艺术界变得更加响亮了。

剧中，萨特那句经典台词"他人即地狱"，常常被人误解。一般人认为萨特借这句台词说出自己与他人之间的关系，已经遭到了毒化，或始终处于封闭的状态。其实这个理解是错误的。萨特要说的，跟这个不是一回事。他想说的是：

假如我们与他人的关系出现裂痕，或被污化，那么，他人，就只能是你的地狱。其实，从根本上来说，他人比我们对自己亲身的认识更加重要。《密室》的三个重要主题是：自由；与他人的关系；墨守陈规。

《密室》取得成功之后，萨特又陆续写了很多短篇戏剧和文章，及一些电影剧本。如《伤寒热》、《戏演完了》、《世界末日》等等。

与此同时，萨特还经常为加缪主编的《战斗报》撰写大量的文章。另外《南方手册》、《法兰西文学》等杂志，也经常刊登萨特的文章。

5. 创办《现代》杂志

> 行动吧，在行动的过程中就形成了自身。
>
> ——萨特

1944年2月，随着萨特的名气越来越大，他的社会活动也变得越来越频繁。当外交家兼作家基罗都去世时，萨特也亲自前往悼唁，并为他写了纪念文章。

尽管基罗都生前与萨特在一些重大的问题上都持有不同的意见，但写纪念文章时，萨特还是高度肯定了基罗都的文学艺术成就。文章的结尾，萨特还把他的作品形容为"时代的见证"。

5月，在加缪的介绍下，萨特在花神咖啡馆会见了著名作家让·热内。这次交谈，大家都觉得很尽兴。

不久之后，萨特与波伏娃、加缪、默里奥·彭迪几个朋友商量创办一本新杂志。此时，他们还不知道，这本未诞生的杂志，将代表一个新时代的精神面貌，它的出现，无疑给巴黎带来了一缕曙光，并且随着时间的推移，天空会越来越亮。

这时，第二次世界大战已经接近了尾声。法西斯的失败，显然是不可避免的，盟国最终将取得胜利。在法国，反法西斯力量的队伍已经空前地壮大。

正如波伏娃说的："我们已经在黑夜的尽头待得够久了，很显然，曙光即将要来临。我们将与人民肩并肩，开始一个崭新的起点。这就是为什么，尽管现在我已36岁了，但又感觉好像回到了青年时期的活力四射。我和萨特都有这个强烈的感觉，我们感到全身都充满力量和信心。这种胜利在望的滋味，让我们几乎想要喊出来。毫无疑问，我们对未来，满怀信心。"

1944年8月，巴黎彻底解放了。德国纳粹终于被迫撤离巴黎。收到这个消息后，萨特和波伏娃联手，为加缪主编的《战斗报》写了一组文章。这组文章一共有七篇，它们从不同的角度报道了巴黎解放后的情景。

加缪还把萨特和波伏娃作为特派记者，让他们去巴黎各个阶层进行访问。萨特和波伏娃有时走路，有时骑车，走遍了巴黎的各个街头，他们一边采访，一边认真记述。对巴黎人民获得胜利的喜悦之情，他们一点一滴都没有漏掉。

萨特把这组文章的总题目定为《漫步于翻腾的巴黎》。七篇文章分别发表在8月28日至9月4日的《战斗报》上。

在第一篇题为《起义》的文章中，萨特这样写道：今天，我只如实地叙述我所见到、所听到的一切。无疑，这是一个崭新的开始，到处都是欢乐的海洋，像过节一样。在日耳曼大街上，虽然经过长期枪炮的扫射而变得冷落、惨淡，不过，一切都过去了，我们看到，所有的街道，都立即变成了人民群众的伟大舞台，这里将重新属于我们……

到了9月，《现代》杂志编委的成员，终于可以定下来了。委员会除了萨特和波伏娃，还有阿隆、彭迪、奥里维叶、勒利和让·波兰。由于加缪正忙于《战斗报》的主编工作，便没有加入。

1945年10月15日，《现代》终于出版了创刊号。萨特亲笔写了发刊词。在发刊词中，萨特简单概述了杂志的宗旨，又概略提出了关于文学的创作。萨特依据"介入"的概念，建议和提倡作家多写关于社会报道、政治动向的文章。

其实，在这之前筹备发刊的时间里，他们正好经历了，战时过渡到战后的伟大历史时期。毫无疑问，这段特别的转折时期，为萨特以后的文学与哲学创作，奠定了自己的思想政治立场。

这时，在法国当代的作家中，萨特已经成为了赫赫有名的代表人物之一。与其他几位大作家加缪、卡夫卡、马塞尔一样，萨特也是在文学创作的基础上，奠定和贯彻自己的哲学观点。无疑，这对法国的现代文学起到了很大的推动作用。

萨特被人们列为存在主义的经典作品有：《恶心》、《苍蝇》、《密室》、《存在与虚无》、《懂事的年龄》、《延缓》。

很快，萨特的名字就传到大西洋的彼岸，在那里，美国读者对他的作品，都表现出很高的热情。

萨特的成名之路，可以说是顺理成章的，他把人生中最看重的文学与哲学联系在一起创作，是一种必然的选择，这与他的成长教育有关。

战后不久，萨特获得了一个访问美国的机会。当时，美国政府想让法国人民了解，在第二次世界大战中，美国对法国到底起了什么作用。于是，《战斗报》的主编加缪，把萨特作为特派记者，派往美国访问。

这次访问，萨特在美国逗留了四个多月。他会见了美国各行各业的重要人物，又把收集到的信息，发回法国《战斗报》的编辑部。

在访问期间，萨特认识了一位聪明迷人的姑娘，这位名叫多罗列的女孩，与萨特见面后迅速坠入了情网，两人很快就发展成情人关系。多罗列年轻又热情，是萨特在美国最好的向导。

波伏娃知道这个消息后，立即写信追问萨特与多罗列的关系：你与多罗列是仅出于对浪漫、冒险生活的一种向往，还是要发展成另一种更加长久、密切的关系？

萨特回信告诉波伏娃：我与她之间，有各种各样的联系，但只有跟你在一起时，我才是我自己。

6. 迷途

在我们之间存在着必要的爱情；
但同时我们也认识到，需要偶然的爱情。

——萨特

多罗列是一位身材娇小的法国女子，法国的战争打响后，她就去了美国，在美国战争情报处，负责宣传方面的相关工作，不久之后，就与当地一位有钱的美国医生结了婚。

两个法国人相逢在美国，有点他乡遇故知的感觉，萨特对她是一见钟情，而多罗列也表现出了极大的热情。

据多罗列说，当她还在巴黎时，就曾见过萨特在咖啡馆里写作，但当时两人并不认识，那时，萨特在文学界已经有些名气了，而那时多罗列在巴黎只是一个不出名的小演员。

在美国，萨特的英语显得非常蹩脚，而多罗列流利的英语，正好大大解决了萨特在沟通上的困难。

萨特在美国逗留四个多月，大大超过了他原来预定的归期，与多罗列陷入热恋当然是主要的原因。多罗列对美国非常熟悉，无疑她成了萨特与美国文学界很好的一条纽带。必要时，她还为萨特把重要的英语资料翻译成法语。这对萨特来说，一切都充满了新奇和兴趣，他甚至说，多罗列给了他整个美国。

在爱情来临的炽烈阶段，他们俩谁也没有想到这次恋爱事件带来的后果。平常，萨特也会对多罗列谈起自己与波伏娃的关系。而多罗列是个已婚女性，她谈到自己的丈夫时，总是说彼此的关系不好，正处于半分居的状态，但还没到最后分手的地步。

在两人的心中，大概都把这次恋爱看作是一次普通的情缘罢了，因为分离是必然的，他们都以为，将来有一天只要萨特启程回法国，这段情也就会自然终结了。

但事实并非如此，因为当萨特回到法国后，依然对多罗列念念不忘。而波伏娃这次也没有把这事当成很大一回事，她认为跟萨特过去那些风流往事一样，浪漫狂热一阵也就过去了，很快就会无疾而终。

然而，这次情况不一样，萨特一回到巴黎，就马上联系上远在美国的多罗列，而她也很快就作出了回应，两人的书信来往日益频繁。只要一有机会，萨特就想谋求机会再去美国。

不久之后，萨特果然又等到了一次好机会，美国的几所大学邀请萨特过去交流讲学。萨特欣然答应，并马上动身前往。这一次，他又在美国待了四个月。

毫无疑问，这一次去美国，纯粹是为了多罗列，逗留期间，除了偶尔在大学演讲，他几乎没有别的正事，全部的空余时间他都和多罗列一起度过，每天的生活都是以她为中心。萨特给波伏娃写信，告诉她自己的作息安排，如下：

早上9点起床，洗漱刮胡子，然后洗澡，吃早餐。11点，参加某个预定的约会。中午12点，同多罗列或另外一些朋友吃午饭，午饭后，独自在纽约的街头散步。傍晚6点，多罗列下班后与他见面，他们在住处或某个安静的酒吧，消磨到凌晨一两点，然后睡觉。

萨特还坦诚地告诉波伏娃，他喝了很多酒，经常是周五晚上到多罗列的住处，直到周日下午四点离开。虽然她与丈夫处于分居期，但还没有正式离婚，所以他行事一般比较谨慎，避免引起不必要的麻烦。不过，他们也经常在外面度周末，这种紊乱的、没有常规的写作生活，在以前萨特是很少有的。

在这之前，萨特的写作和生活是非常有规律的，他总是把一年划分为两个时期，一个是写作期，一个是休假期。每天，他总是严格按照定好的计划来进行写作。就算是和波伏娃还有其他一些情人相处时，萨特也不曾打破过这个规定。然而，这次他破例了，他这次来美国并非是休假期。

当波伏娃注意到这些后，觉得这次恋爱事件跟过去那些有些不一样了，她有些紧张地给萨特写去了询问的信件，萨特每次都坦诚地告诉她自己真实的想法，并在一封信中这样谈到多罗列：

"她是一个楚楚动人的尤物，绝对迷人，是在你之后，我所遇到过的最好的一个。眼下，我每天都不快活，因为我们被卷入离别的痛苦之中。由于担心这里的门卫，我们移居到另外一个住处，是一个商业区。多罗列对于邻居似乎有一种神经质的恐惧。她身上的特殊气质，你简直无法想象：既坚定又恐惧，是深刻的悲观主义，又是表面的乐观态度、谨慎与激情、坚毅和羞怯，真是一种绝妙的结合。她具有爆发力的激情，着实把我吓到了，尤其是因为那不是我主动地强烈要求，而她独自承担了它，并甘于自己处在不利位置，这表明她的诚意是多么真挚，她就像一个快乐小孩般天真无邪。"

回到巴黎后，萨特还对波伏娃详细谈到了多罗列，他表示，自己和她有着一种完美的心灵沟通和默契。比如，他们一起出门，他想停下来时，她刚好也想停下来；他一动身走，她正好也抬起腿要走。按萨特的话说，这是他们之间某种深层次和谐的生命节律。

收到那些信和听到这些话后，波伏娃感到了前所未有的威胁感，她甚至觉得震惊和恐慌。萨特在短短一年内去了两次美国，第一次还说，那只是一次浪漫的冒险，可这次回来，一切都不一样了，她发现，这个名叫多罗列的女子已经对她构成了极大的威胁。

其实，波伏娃和多罗列是两种不同类型的女性，而且两种都是萨特喜欢和需要的，要是逼他作出非彼即此的选择，他还真选择不出来呢。

1947年1月，波伏娃应邀去美国讲学，在纽约，她约见了令萨特一见倾心的情人多罗列。她发现，这个女子确实非常吸引人。波伏娃发现，在某些方面，她与自己有相似之处，她热情、聪慧、迷人，相当漂亮。

见面结束后，波伏娃一回到下榻的饭店就给萨特写信，她这样描述与多罗列的见面："在荷兰雪利酒吧，我见到了多罗列，我想，她也会给你写信讲述这次会面的。与她见面，跟我想象的那样，我很喜欢她，我们谈得非常愉快，你赢得她爱情的那种感受，我完全能够理解，而且我为你感到骄傲，我没有丝毫不舒服的感觉。"

波伏娃这么写，我们无法肯定是否真的出自她的内心，也许事实如此，也许有些违心，但这都只是猜测罢了。不过重要的是，这封信体现出她理解了萨特的做法，而她的这种态度，也正是对方所需要的尊重和理解。

波伏娃还在信中描述，那天多罗列显得很不自然，她一杯接一杯地喝着威士忌，以消除紧张感，并且不停地说话，表情有些僵硬。

接着，波伏娃又这样写道："她确实惹人喜爱，给人的感觉非常天真可人，不过正如诗人博尔赫斯说的，她也许女人味过多了一点，反正，从我的角度来看是这样的。但要是我是一个充满激情的男人，那么，她无疑再适合不过了。"

与波伏娃见面之后，多罗列去了巴黎，波伏娃继续在美国进行讲学。当波伏娃按计划准备回巴黎时，突然接到了萨特的来信，要她推迟十天回去，因为多罗列想在巴黎再待十天。

收到这封无理的信后，波伏娃受了很大刺激，她感到了一种深深的失落感，尽管平常的她多数能够理智地控制自己的情绪，但这时，她感到前所未有的脆弱。这封信就像一道闪电，把她击伤了。

在来美国之前，波伏娃就认识一位名叫阿格林的美国作家，一直以来她同阿格林在交往中互有好感，趁这段空闲的时间，波伏娃约了他在芝加哥会面。很快他们也发展成了情人关系，并度过了半个月的热恋生活。

事情发展到这一步，萨特和波伏娃可以说扯平了。等到波伏娃回到巴黎后，多罗列还没有离开法国。尽管她表示不想走了，但萨特并不同意，因为一旦多罗列留在巴黎，一切都会变得复杂。她会打乱萨特的工作、朋友圈子、过去的生活习惯，而且更重要的是，多罗列希望能够独占萨特，这在萨特是不可能做到的。

多罗列向萨特提出要求，要么自己留在法国不走了，要么就再也不来了。这种强烈的占有欲，让萨特感到烦恼，也让波伏娃感到前所未有的痛苦。

多罗列走后，萨特和波伏娃去了哥本哈根旅游，在途中，两个人都不想说话，直到几天后，两人才恢复了往日的亲密气氛。

然而，爱情的考验还没有结束呢！

多罗列回到美国后不久，就给萨特打来电话，还在电话那头边哭边说，无法忍受与他的分离，想立即来到巴黎与他相聚一个月。

萨特对多罗列任性的举动非常生气，并狠狠地责备了她一番，但还是同意和她在法国南部住一个月。

到了暑假，萨特和波伏娃又各自约了自己的情人去旅行。波伏娃和阿格林选择了去意大利和阿尔及利亚旅行。萨特和多罗列则去了墨西哥和危地马拉度假。

不过，波伏娃注意到，萨特和多罗列的关系已经没有从前那么和谐了，因为多罗列老是想定居巴黎，完全占有这份爱情。对此，萨特坚决反对。他们经常为这件事大吵一通，直到后来，双方忍无可忍了，关系彻底破裂。

萨特认为多罗列太任性，太粘人，不懂得理解，对爱情要求太多。而多罗列爱得越深，怨之越切。最后，只能逼萨特在两者中作出选择，而舍弃与波伏娃的关系，在他看来是不可能的，因此，牺牲第三者，也是无可奈何又必然的事。

至此，波伏娃和萨特的爱情，又经受住了一次严峻的考验，他们通过各自的选择，又回到了彼此身边，度过了他们人生中最严重的一次感情危机。经过这次考验后，他们的亲密关系达到了一个新的高度，任何人都不可能再摇撼这种坚实的感情了。

第五章　自由之路

1. 一部好戏上演

> 我的位置将不是一个聚焦点，而是一个出发点。
>
> ——萨特

　　1948年2月1日，《苍蝇》在柏林举行首次公演。萨特亲自去了一趟德国，参加了这个重要的开幕式，并且在演出之后，萨特和德国的剧作家们进行了一次友好的讨论会。

　　在讨论会上，萨特把这次德国首演，和当初在法国首演时的历史背景进行了比较。接着，他又和大家深入地探讨了人民解放和自由的问题。他说："我们要弄清的问题，不是为什么是自由的，而是什么样的路才是自由之路。在这个问题上，我很同意黑格尔的说法。他说，假如其他所有的人，都不是自由的，那么，对我们来说，没有任何一个个人是真正自由的。"

　　苏联方面，当他们得知《苍蝇》在德国柏林上演后，表示了不满，并对当局进行了批评。当地一些受到苏联控制的报纸，立即发表文章抨击这次演出是"反人道主义的"、"对真正自由的诽谤和曲解"。

　　讨论会一结束，萨特马上就启程回了巴黎。不久，他决定加入一个名为"革命民主联盟"的政党组织。这是萨特有生以来，第一次发自内心要加入某个政党组织。

　　这个组织由革命家汝赛领导，这个政治联盟的大致性质是：在法国，在欧洲，在全世界的每一个角落，我们始终寻求走在同一条道路上的同志。对我们来说，我们都属于地狱的幸存者，我们都是第二次世界大战幸运的生还者。如今，我们在积极寻求解放人类社会的支持者、同路人，以及各阶层的同情者。

在这个世界上，多少人为了摆脱希特勒的铁蹄，而遭受了重大的牺牲。我们希望得到人类应有的尊重，以及自由和人权。我们认为为民主革命联合起来的人们，他们有信心、有力量，建立起一种属于人类自己的真正自由的生活。

这个"革命民主联盟"的口号是：全世界自由的无产者，我们联合起来！

很显然，这个联盟组织的基本思想，基本上跟萨特追求自由之路的思想吻合。在当时的法国，左右派都难以让民众信服，于是，许多法国人都期盼快点出现更好的第三势力。

不过，萨特支持的这个"革命民主联盟"，只持续了一年多。到了1949年10月15日，萨特毅然辞去了联盟的职务。到1949年底，这个联盟也彻底瓦解了。

对第一次加入的政治组织，萨特这样说道："对我来说，这是一次很好的经历，它让我学会了应该采取一种现实的态度，去面对当前的政治局势。事实上，人为地制造运动，是行不通的路子。"

其实，萨特之前加入的"革命民主联盟"，只是在少部分知识分子中产生影响。影响的范围十分有限，而且大多都是年轻人，各基层的人民大众几乎波及不到。所以，虽然他们的思想方向基本是对的，然而，还是缺乏现实的群众力量和群众基础。

1948年春天，萨特顺利完成了一部名为《肮脏的手》的七幕话剧。剧本先是发表在3月的《现代》杂志上，到了6月，伽利玛出版社又进行了单行本出版。在这本书的扉页上，萨特的题词为"献给多罗列"。

"肮脏的手"象征着"戴红手套干活"的政客们。萨特之所以把这部剧取名为《肮脏的手》，是想表示对这些政客的憎恨和鄙视。剧中，对那些被政客们利用的知识分子，萨特表示了深切的同情。

　　萨特把《肮脏的手》的背景放在了1945年第二次世界大战接近尾声的时候，东欧的某个国家即将面临苏联的大举入侵。

　　当初，萨特构思《肮脏的手》的时候，曾对波伏娃讲述了大概的背景内容。他这样说道："一个俄瑞斯忒斯式的青年知识分子，他叫雨果，对党内的战争缺乏认识，基本上只醉心并停留于思想上的自由斗争。他不懂得什么是真正的革命，导致在与政治对手和党内领导人贺德尔的斗争中，一次次惨败，最后，莫名其妙地成为了革命的牺牲品。"

　　资产阶级出身的雨果，没有挨过饿，他之所以加入党组织，只是出于一种荣誉感，又或者只是他自己幻想出来的一种抽象的正义感。在他的朋友们看来，雨果的这种大义凛然的行动只是一种姿态而已，没有实质意义。

　　萨特说，雨果既脱离无产阶级，也跟资产阶级无关。因此，当他接受使命，组织让他去杀害贺德尔时，他的妻子显得满不在乎。因为妻子杰西卡知道，丈夫参加革命，其实只是一场闹剧。

　　其实，《肮脏的手》所要揭露的社会现实，跟萨特过去的剧本《恶心》、《苍蝇》、《墙》所要表达的内容，大致是一样的。所有这些文学作品，里面都镶嵌着萨特的存在主义的哲学观点。它们提出存在的荒谬性，同时，又否定这种荒谬存在的自由性。

　　在萨特看来，像希特勒这种人神共愤的法西斯分子毫无疑问是要讨伐的，不过，那些举着革命旗号、藏在正义事业底下干肮脏事业的人，也是应该声讨和谴责的。

　　完成《肮脏的手》，萨特前后只用了几个月的时间。创作期间，萨特正好加入了"革命民主联盟"的政治组织。因此，人们可以看到，剧本的主题与这个组织的革命言论是相一致的。

《肮脏的手》正式发表之前，萨特曾多次反复考虑这部剧的题目，因为他害怕用《肮脏的手》这个题目会让一些别有用心的人捕风捉影，因此题目一改再改。但确实，萨特自己承认，《肮脏的手》是一部政治剧。萨特曾想过的题目有《这个世界的善事》、《情杀罪》、《红手套》等。

萨特还说，促使他萌生写这部剧，是因为两件事。

第一件是，某天，他发现在自己的学生当中，竟然有一些资产阶级出身的人，喧嚷着要加入共产党。

第二件是，有一次，他和波伏娃在纽约约见了托洛茨基过去的秘书，秘书其实是有人派来暗杀托洛茨基的。秘书说，在接受了务后，在相当长的一段时间里，她和托洛茨基都受到了组织严密的监视。

虽然，从《肮脏的手》中，观众并没有马上看到一个明确的结论。但萨特说："在剧中，人人都可以找到其中的道理。例如，剧中的无产阶级老领导，有一次与反动势力相妥协，因此被人们称为社会叛徒。另外还有，剧中还告诫那些理想主义的青年，那些被人们奉为偶像的人，已经统统被击败。"

萨特在剧中，有意安排了青年一代和老年一代，作为内部斗争、自相残杀的牺牲品。事实上，萨特想极力掩盖剧中太过露骨的政治倾向，并且在剧中，人们看不出萨特支持哪一派别。对此，萨特说："对一部真正好的戏剧来说，它不在于为观众解决问题，而在于提出值得让人思考的问题。我认为，政治是需要人们先弄脏自己的手，才能很好地解决问题，事实上，这是搞政治必需的一个前提。"

《肮脏的手》一上演，就引来了舆论界剧烈的震荡，尽管受到了大部分普通观众的支持，但是，法国共产党立即就予以严厉的抨击。

人们看到，《行动报》的措辞极其激烈："仅仅一盘美国扁豆和区区三十个银币，就把萨特最后的一点良知和荣誉都出卖了。"

《人道报》也不甘示弱，向大众抛出这样刻薄的言辞：

"真是令人费解的哲学家，他的小说简直让人恼火，至于他的剧作，更是人神共愤，还企图以第三势力政客的身份出现在大众面前，真是令人鄙夷。"

至于苏联当局，也立即表示了抗议，说萨特企图进行反苏宣传，并通过相关官员的权力，禁止《肮脏的手》上演。

而在美国方面，一些有心机的政客真的试图想利用《肮脏的手》，达到反苏的目的。

1948年11月，人们看到，《肮脏的手》译成《红手套》，被连载在美国的报纸上，而且未经萨特的同意就发表了。对此，萨特感到很气愤，因为被译成英语的版本，有80%的文字被篡改了。

12月，萨特和革命家兼作家马尔罗就作家的使命和政治斗争的问题，展开了唇枪舌剑，这场争论一引爆，就越演越烈，在场的人除了萨特和马尔罗，还有加缪、莱德、勃列东等作家。萨特慷慨激昂地说："欧洲各国，应该从自身的遭遇，引发出深刻的思考。今夜，在这里聚集的所有作家，是不相信命运的。"

很快，伽利玛出版社因受到来自马尔罗的压力，不得不让萨特主编的《现代》杂志搬出伽利玛出版社。

于是，《现代》杂志只好搬到了朱利亚特出版社，这里距离伽利玛出版社仅有50米。

从1948年年底起，《自由之路》的第三卷《心灵之死》，便开始在《现代》杂志上进行连载。

萨特曾说，他必须让《自由之路》的主人公找到真正的自由。最后，主人公马蒂厄在这部《心灵之死》中，找到了属于他的事业和爱情。马蒂厄从事的事业是一项自由的事业，他能够从中认识到世界的意义。

显然，在《心灵之死》中，萨特还没有明确地告诉大家，真正的自由到底是一种什么样的境界。不过，他已经清晰地向人们表明，自由是一切事业的根本，人们只有认清自由的价值，才懂得自己要履行的义务和责任。作为每一个独自存在的人，他不是链条中必然的一个环节，个人的生活并不依据客观规律发展而来。

萨特说，人跟植物的生长不一样，对植物来说，它的种子里，包含了它所有的未来。而人，他的未来完全取决于自己本身。假如每个人都只守着自己的自由，那么，每时每刻，怀疑和否定都会缠上你。于是，人们开始避开这种让人头晕目眩的自由，而想到要去和别人汇合。与此同时，他并未忘记自身的价值。

在《心灵之死》出版后不久，匈牙利的哲学家卢卡奇来到了巴黎，他这次来，是为了庆贺《存在主义还是马克思主义？》法语版的出版。这位研究马克思主义的哲学家，严厉地抨击了萨特的存在主义理论，对萨特年轻时所持的黑格尔主义的观点也明确地表示否定。

卢卡奇对《战斗报》的记者这样说道："很显然，萨特试图把黑格尔主义的《存在与虚无》，同康德主义的《存在主义是一种人道主义》相糅合，你们看，这就是失败的例子。"

萨特对卢卡奇的批评马上予以了回应，他说卢卡奇个人的哲学体系，从来都没有从理论上达到过一致性。萨特说自己从青年时代到目前，所发生的思想转变，是符合自身哲学思想的逻辑的。

不久之后，萨特又与莫里亚克展开了一场论战。莫里亚克是加缪的死敌，他们曾经在各自所在的报纸上展开过你死我活的笔战。

1949年的夏天，萨特到了加勒比海地区旅游，他的情人多罗列一路陪同，他们访问了巴拿马、海地、危地马拉、古巴等国家。萨特还见到了大作家海明威。毫无疑问，这次旅游给这对情侣留下了许多美好的回忆。

不过，到了10月份，当萨特回到巴黎后不久，他与多罗列却彻底闹翻了，并从此不再见面。

2. 魔鬼与上帝

　　我总是准备承认自己的错误，因为它们是被另一个人犯下的。

　　　　　　　　　　　　　　　　　　　　——萨特

1949年的圣诞节来临了，一整天，萨特都在朋友勒梅尔夫人家度过。在那里，他正抓紧为朋友热内的新作写序言。

接下来的时间，萨特把《自由之路》第四卷的一部分公开发表在了《现代》杂志上。随后，《自由之路》的写作，就此中断，一直到萨特去世之前，《自由之路》都没有继续写下去。

对此，波伏娃说："萨特之所以中断《自由之路》第四卷的写作，是因为战争已经结束，在战后的生活中，他再也提不起兴致去写过去的斗争。他不想再纠缠于以第二次世界大战为背景的创作中。他目前的创作重心，是关于现实主义的道德思考。另外，实际上《自由之路》的前几卷，里面的人物已经把他们自己的戏演完了，所以萨特觉得没必要再大费周折写下去。"

不久，在一次公开的谈话中，萨特也谈到自己为什么中断《自由之路》的写作，他这样说道："实际上，我时常也为这部小说感到懊恼，这样一直拖着，仿佛我必须要把它完成一样，然而，故事发展到第四卷，又不得不写到抵抗运动。若处于当时的气氛，无论你反对德国军队，或拥护另一方，这种黑与白之间的选择，看起来都是一件容易的事情。然而，自从1945年之后，政治形势变得越来越复杂。选择对我来说，可能只需一点点勇气，但是面对选择的对象，却是如此困难。这部未完成的作品，对我来说总有一种无名的压力，但我不得不就此搁浅，因为时代已经改变。"

从萨特上面的自白，人们可以看出，战后世界的政治形势复杂多变，跟战前的要么抗战、要么投降，已经大不一样。萨特意识到，现在已非黑与白的选择，每个人都要在各种势力的空隙中，努力地辨清方向与对错。实际上，这并不容易，因为在这种看似和平的环境中，人人都戴上了面具，他们都在努力地来伪装自己，对某些问题的态度，他们可能隐瞒自己真实的看法。

萨特深知，介入这场没有硝烟的战争，其实要比真正的战争困难得多。因此，他决定放弃原来计划研究道德问题的工作，转而开始研究马克思主义、社会经济和社会历史问题，并密切关注着国际政治的发展动向。

事实上，自从1946年6月萨特在《现代》杂志上发表了一篇题为《唯心主义与革命》的文章后，他与左派的争论就没有停止过。

毫无疑问，一直以来，萨特都是反对独裁的。哪里有专制和独裁，哪里就会有萨特斗争的身影。

除了集中精力研究社会问题，萨特还进行着一部名为《魔鬼与上帝》的戏剧创作。在这部剧里，主人公葛茨是一个哗众取宠、虚伪狡诈的人物形象，演员把葛茨的性格特征演得淋漓尽致，使这部剧大受欢迎，赢得了观众的一片喝彩声。

《魔鬼与上帝》是一部三幕十一场的戏。萨特这部剧是受到了塞万提斯的剧本《快乐的鲁非安》的启发而写就的。

萨特说，尽管《魔鬼与上帝》这个故事发生在四百多年前，但它实际上是《肮脏的手》的续集。萨特接着解释道："实际上，这部剧要说的是人与上帝、人与绝对之间的关系问题。"

因此，从这部剧中，人们可以看出萨特的基本观点，他认为世界上没有自称能够达到绝对的人，若有，也是自欺欺人的伪装或演戏罢了。由此可见，萨特是反对上帝和神的，因为他们所代表的，正是一种绝对的化身。所以，萨特说："世上的一切爱，都是反对上帝的。假如两个人相爱，那么，在他们之间产生的爱，就是反对上帝的。因为一切爱都是反绝对的，而爱本身正是绝对。如果说，上帝是存在的，那么，人就不存在；反之，要是人存在，那么，上帝就不可能存在。"

尽管《魔鬼与上帝》引来一些负面的争论，但并不阻碍人们称其为一部成功的戏剧。当记者问到这部剧的创作过程时，萨特说："可以说，我的工作时间一直都很是规律的，连旅行时也一样，基本上每天固定在午饭之前，工作三小时，下午再接着工作三小时，从不间断。后来，因为工作计划繁多，我逐渐意识到，好好计划一个详尽周到的工作计划，是很重要的事情。"

1951年2月19日，萨特突然接到著名作家纪德去世的消息，这让他感到极为悲痛。萨特不禁怀想起从前与纪德的几次争论。不过，每一次争论，都只是针对客观事情的观点。事实上，萨特一直以来都对纪德很崇敬。

萨特还记得1939年自己与纪德第一次见面。在这之前，当萨特还是个学生时，就开始读这位老作家的作品。1947年，纪德获得了诺贝尔文学奖，他的作品深受象征主义的影响，受到很多人的喜爱。

萨特从战俘营回到巴黎的那一年，当时他为了联系法国自由区的作家，一路骑自行车旅行，途中就曾探访过纪德。

1951年3月，为了纪念纪德这位大作家，萨特专门写了一篇文章，发表在《现代》杂志上。

从1947年起，萨特发现了一位极具天赋的剧作家，他名叫让·热内。当萨特作为"七星文学奖"的评委时，还热烈地推荐了热内作为获奖的候选人。接着，萨特又在自己主编的《现代》杂志上，为热内撰写专门的文章，向大众介绍热内的艺术才华和成就。

后来，萨特还在这些介绍文章的基础上，撰写了一本名为《热内——喜剧作家与受折磨的人》的书。

这本书长达578页，既属哲学著作，又是一部文学作品，同时也是长篇的道德论文，或者可以说是一部关于精神的分析学作品。书中渗透着萨特的哲学精髓及对热内独特思想的分析。

从萨特过去的所有作品来看，我们发现，他的思想是流动的，不断地发生着变化。不过，无论怎样变化，那些变化的思想始终沿着一个固有的逻辑进行着。

到了上世纪50年代，人们可以从萨特的思想体系发现两条重要的脉络。第一条是存在主义的精神分析学。第二条是马克思主义的辩证方法。如果认真读萨特这段时期的作品，不难发现，他试图把这两条精神脉络糅合成一条主线。

他希望把个人的经历、遭遇、历史、艺术成果等素材，揉进自己的作品中，再应用存在主义的精神分析法及马克思主义的辩证法，来考察这样一种大联结，然后再让作品本身去体现人的存在。

萨特在撰写《热内——喜剧作家与受折磨的人》这本书时，就运用了上述手法。对热内的赞美，萨特一点也不吝啬，他甚至还赞同热内极端主义的道德观。

热内曾率直地表示，他对这个世界充满绝望。因此，他蔑视所有的道德原则。于是，他干偷盗、搞鸡奸，坏事做尽。他特立独行，无法无天，所做的一切，都是反其道而行之。他要向这个世界发出道德挑战，他所发出的哲学思想，让人深深慑服。因此，萨特这样评价热内："他是这个时代的真英雄！"

一些评论家说，萨特写热内的那本书，正是《魔鬼与上帝》的插图本的翻版。这说明了，热内与《魔鬼与上帝》的主人公葛茨，有着不可分割的共性。热内和葛茨都是私生子，是善与恶混合物的化身。他们试图摆脱异化，而在恶中寻求恶的绝对。

萨特说，热内表现出的自我征服能力，是在写作的过程中完成的，他关于自由的含义，是阐释得最清楚的。

3. 同路人

> 每个人既有得到，又被别人得到。
>
> ——萨特

1952年，萨特又经历了一个重要的转折点，在政治思想方面，他终于决定向共产党靠拢，因为自从解放后，他目睹了法国、整个欧洲及国际政治局势的发展。他还发现，欧洲新成立的社会主义国家，都取得了很大的成就。

萨特感受到，旧世界的面貌逐渐褪去惨淡的外衣，社会的发展有了显著的成效，不得不承认，这一切都是在马克思主义的指引下发挥的作用。

萨特回顾了过去自己加入的组织"革命民主联盟",他终于看清了这个组织的局限,因为这个组织并不具备扩展自己影响力的能力,他们只在知识分子的圈子里活动,因此,这是永远也无法改变世界的。而反观马克思主义,萨特逐渐发现,它是世界无产阶级的伟大力量。因此,这一时期,萨特决定做共产主义的"同路人"。

1952年初,萨特向总统写了一封抗议信,因为法共党员马丁在港口张贴反对印度支那的殖民战争的标语,而遭到逮捕。

接着,萨特还专门为马丁事件写了一本书,把这个事件的前因后果作了详细的说明。这次事件,把萨特和法共联结在一起。其实这种联结,是萨特过去十几年一直试探、徘徊、深思之后的一个历史产物。

马丁事件标志着萨特主动进一步向法共靠拢,然而,这种联结也正隐含着将来会产生更大的分歧。

萨特虽然决定向法共靠拢,但也非贸然全盘接受他们的政治理论,因为早在过去,萨特就深知彼此根植着深刻的分歧。他当然还记得,第二次世界大战期间,希特勒误释自己后,法共的态度是表示怀疑的,还曾说自己是纳粹分子派来的"代理人"。

不过,显然后来形势变得不一样了,萨特这样对朋友说:"从目前看来,毫无疑问,法共是体现广大无产阶级的利益的,而且,短期内,我不觉得这一点会有所改变。对所有同情无产阶级的人来说,他必然会选择和共产党站在一起。"

历史的政治形势,马上就对萨特这一立场进行了考验。

1952年5月,美国李奇微将军调来巴黎上任后,法国共产党领导人杜克洛马上就遭到了逮捕。

听到这个消息时,萨特正在意大利访问,他按捺不住心中的怒火,立即赶回了巴黎,并在路上写下了一篇题为《共产党人与和平》的文章。

这篇文章深刻揭露，美帝国主义不人道的战争策略。萨特站在维护世界和平的正义立场上，表示支持法共和国际工人力量。

回到巴黎，萨特还不断地写呀写，因此，人们除了看到萨特在《共产党人与和平》的第一部分中，批评了非共产党的左派之外，在《共产党人与和平》的第二部分内容中，萨特又阐述了共产党作为工人阶级的必要中介，必须与那些由没有战斗力、分散的个人联结的工人阶级加以区分。

在杜克洛被逮捕的事件过去一年半之后，萨特写出了《共产党人与和平》的第三部分。可以看出，这段时期里，萨特与法共保持了良好的互动关系。

正如萨特自己说的："所谓法国共产党的同路人，其实就是要我们站在共产党之外，去思索和认清到底什么才是真理，什么才是真正对人类有益的事情。我之所以写《共产党人与和平》这篇文章，是因为我在有限的问题上及具体明确的事件上，与共产党的方向是一致的。而所有这一切，均出自我个人的原则，并非从他们的原则作为出发点。"

无论怎样，从这段时期萨特的行动来看，他已经卷入了一场保卫世界和平的运动中去。而这场运动，正是由法共、苏共及另外一些共产党国家支持的。

5月22日，萨特受到维也纳举办的世界和平大会的邀请。他满怀激情地在大会上宣称："今天来到这个大会的人，都属于意愿里自觉的一种象征。正是在这个共同的意愿上，我们将把一种新的任务和义务，在我们的各自的国家中自觉地执行。事实上，自我成年以来，我突然对三件大事充满希望：一是维也纳的和平大会；二是在法西斯的统治下，人民最终得到解放；三是1936年的人民阵线。"

随着萨特与法共的关系日益改善，萨特逐渐对苏联产生好感。

不久，萨特还应邀访问了苏联。这次访问，持续了差不多一个月，萨特的访问团连续走访了莫斯科、乌兹别克斯坦、列宁格勒等地。回到巴黎后，萨特还为这次出访写下了五篇深刻的感想文章。

1955年9月，萨特为了想更深入地了解共产主义的实践活动，他和波伏娃来到了中国访问。9月6日，访问团来到了天安门广场，观看了为国庆准备的阅兵仪式。

萨特和波伏娃的这次访问，收获很大。波伏娃毫无保留地对中国的新成就表示了赞扬。萨特注意到了，中国人民和苏联人民之间的感情是非常深厚的。

因此，萨特这么说道："这两个伟大国家之间，只有傻子才会认为，他们会随随便便地生出一种分裂的理由来。今天，我在这里所见到和听到的一切，都比预想的好得多，人民群众淳朴热情，这一切让我很感动。"

结束了对中国的访问后，萨特一回到巴黎，就立即为中国的《人民日报》写了一篇文章。

在这篇题为《我对新中国的观感》的文章中，萨特写道："在崭新的中国，我看到了一个很直接的现实，那就是美好的未来。我目睹了一个伟大的民族，他们正在为建立一个公平、公正、人道的社会制度而努力。"

波伏娃还为这次中国之行写了一本题为《万里长征》的书。在《现代》杂志上，萨特发表了关于中国的专刊文章，他把9月和10月份的两期《现代》合并为一期，集中讨论和报道了中国的革命与发展。

萨特在文章中，把中国革命与苏联革命进行了比较。他发现，中国革命之后，社会出现了前所未有的和谐安定局面，人们基本上实现大团结，安居乐业，通货膨胀也得以抑制。

而苏联革命之后，社会境况恰恰相反，内战和社会动乱频繁不断，并且到处闹饥荒，物资匮乏、物价飞涨。

接着，他详细分析了中国革命的性质和特点，还赞扬了中国政府的政策。那时，中国政府实施的是保护民族资本主义工商业，并对资产阶级实行统战的政策。因此，萨特由衷地称赞中国的资本家是"幸福的资本家"。因为这样一来，资本家既发挥了自己的优势，同时又受到政府的保护。

总而言之，在1952年至1955年这几年的时间里，萨特与共产主义运动的步伐是一致的。在行动上，萨特主动与共产党人真诚合作。在思想理论上，尽管大家都没作出很大的让步，然而，在这种时势下，基本上都可求同存异。

法国的评论家认为，萨特与共产党合作给共产党带来的好处，比萨特自己获得的利益多得多。萨特的老同学阿隆说，这段时期，法共刚好急于扩大自身的影响，而萨特的加入，如同给法共带去了一个"小小的文艺复兴"。给萨特带来的最大的益处，大抵就是抬高了他的名誉，使他成为了知名的社会活动家。

然而，对视名誉如粪土的萨特来说，确实没有带来什么好处。相反，萨特还因此失去了几位好朋友的友谊。因为政见不同，彭迪和阿隆相继离他而去，这两人都是萨特大学时候的老同学。另外，还有好朋友加缪最后也与萨特绝交了。

很显然，导致这些友谊的分裂，主要是跟萨特的政治观点及不断发展的思想方向有着重大关系。我们不难看出，当历史又将拐向另一个转折点时，萨特与共产党"同路人"的友好互助关系，也必将迎来新的考验。

4. 匈牙利事件

> 野心勃勃，就是谋划着去获得王位或荣誉，
> 它不是一种促使人去获得的材料，而就是获取本身。
>
> ——萨特

1956年2月，苏共二十大在莫斯科召开之后，萨特开始对教条的马克思主义产生怀疑。他认为，想要摆脱马克思主义的僵化，必须把自己的存在主义与现有的马克思主义相结合。

基于这个想法，萨特与法共的理论家伽罗第进行了一次深入的探讨，他们谈到关于存在主义与马克思主义如何相结合，并深入研究了福楼拜。

当时，萨特并不打算与法共就此决裂。1956年2月10日，萨特发表了一篇题为《改良主义与偶像》的文章。他这样写道："自资产阶级死亡之后，唯一代表文化的，只有马克思主义。因为它是目前唯一可以理解人与作品及一些事件的理论。然而，从目前的法国来看，因为受到教条主义的影响，马克思主义已经有些滞后。"

1956年的秋天，萨特又去了国外旅行。当他在意大利游览时，突然听到了一个让他震惊的消息。据闻，就在不久前，苏联出兵侵略匈牙利，并占领了匈牙利首都布达佩斯。萨特闻讯后，马上表态，谴责苏联政府干涉他国内政。

不久之后，萨特代表法国作家协会，发动作家联合签名，给匈牙利政府的总理写了一封信。信中希望能够保护匈牙利作家精神和

物质上的利益。

有一天,萨特收到了一封由35位苏联作家联名写来的信。信中指责萨特在匈牙利的事件上站错了队。萨特和一些法国作家讨论后,立即给予了回信。信中再次强调,对苏联这次出兵匈牙利,萨特本人及其他作家都持批判的立场。

很快,在萨特的请求下,法国和平理事会决定出面干预,要求苏联军队马上撤离匈牙利。事情的结果是,萨特从批判匈牙利事件,逐渐地演变成对教条主义的理论批判。

从匈牙利事件中,萨特还发现,一些东欧社会主义国家的知识分子及哲学理论家,都具有十分积极的创造精神。对此,萨特认为可以把希望寄托在他们身上。萨特觉得他们是可以联合起来的一群人,得到他们的支持,并与他们一起合作,都将有利于体现社会主义体系与马克思主义相结合的价值。并且,很可能因此建立起一个崭新的社会主义理论体系。

因此,萨特积极主动地与捷克、波兰、匈牙利等国的知识分子进行频繁交往。

其实,在萨特看来,目前的问题不是要放弃社会主义和马克思主义,而是要尝试让法共实行一种非教条化的进程,让东欧这些国家,可以摆脱僵化理论的约束,最终让他们自由、自主地发展起来。

其实,很早之前,萨特就想系统地研究一下马克思主义,他希望得知到底自己的存在主义可以从中吸收多少马克思主义的理论成果。他还想知道,从马克思主义方面又有多大的程度能够接受存在主义体系对它的批评。

1957年春天,波兰的《特沃尔佐斯》杂志准备出一期关于法国文化的专刊,他们邀请萨特为杂志写一篇文章。萨特欣然答应,写了一篇题为《论马克思主义与存在主义》的文章。10月,萨特把这篇文章改名为《方法问题》，发表在《现代》杂志上。

在这段时期里，萨特一边探索马克思主义与存在主义的关系，一边进行着各种文化政治活动。

萨特参与的文化艺术活动主要有：撰写了剧本《阿尔托纳的被监禁者》，这是一部五幕剧；同时，他还开始撰写自己的传记；另外，还写了关于福楼拜和论德国一位诗人的文章。

除此之外，萨特投身到电影艺术，他把剧本《严刑拷打》改编成名为《沙勒姆城的巫婆们》的电影剧本。他之所以改编这部剧，主要是想反对麦卡锡主义。

事实上，在这段时间里，萨特对世界的政治局势无时无刻不在关注着。尤其是阿尔及利亚与法国的战争形势，还有苏伊士运河事件的始末以及印度支那的战争。

对这三大事件，萨特指责法国政府实行帝国主义政策。他马上在《现代》杂志上，发表了题为《殖民主义与阿尔及利亚的战争》的文章。文中说道："作为法国的革命者，我们都应该支持阿尔及利亚独立，今天，我们所能够做的，也是唯一应该做的，那就是义无反顾地与阿尔及利亚人民站在一边。这样才能让阿尔及利亚从殖民主义的统治下解脱出来，实行民族大解放。"

不久之后，萨特又接连地在《快报》上发表《一个不道德的行为》、《一场胜利》等文章，也是为了谴责法国政府在对待阿尔及利亚问题上使用帝国主义政策。

尽管法国政府开始对萨特施压，但萨特一点都没有被吓倒，反而还在1958年5月31日参加了声讨政府的会议。参加这次会议的还有莫里亚克、洛朗、迈尔等人。会议上，大家纷纷斥责了法国政府，说他们对阿尔及利亚使用不人道的恐怖政策。

萨特还把自己的演讲和谈话整理成一篇题为《青年与阿尔及利

亚战争》的文章，发表在《真理——自由》的杂志上。显然，萨特把大部分希望都寄托在青年的身上。

由于萨特高调支持左派人士，引来右派的强烈不满，他们发动右派群众一起上街示威游行，并高呼："枪毙萨特！"

1961年7月和1962年1月，萨特所住的寓所两次被炸。

但是这些事情并没有把萨特吓退，反而更激发了他的满腔热血，他更积极地投身到支持阿尔及利亚独立的运动中去。

5. 哲学巨著问世

赤条条的一个人，无别于任何人，
具有任何人的价值，不比任何人高明。

——萨特

在紧跟现实斗争环境的条件下，1960年4月，萨特出版了名为《辩证理性批判》的哲学著作。这是一部大部头的著作，详细总结了萨特自《存在与虚无》以来的哲学理论和现实斗争经验。

可以说，《辩证理性批判》是一部奇书。它气势恢弘，磅礴大气，行文如同长河巨流，一泻千里，有时又会突发异想和神来之笔。文章收放自如，在错综复杂的分析之中，一切都显得游刃有余。

不过总的来说，在文字上似乎略欠凝练，文中散布着许多长句子，篇幅和段落略显冗长，对一般的读者来说，确实存在读不下去的困难。其实，这跟萨特撰写这部书时的精神情绪有关，当时他是一种近乎疯狂的写作状态。

正如萨特自己在此书出版几年后所说的："即使我当时能够把它写得更好一些，但也不会与现在的书相距很多。因为重要的树干已经在了，枝叶修剪得是否美观，已无大碍。在文中，之所以有那么多长句子，并加了许多引号、括号，这是因为，每句话都独立表现了一个辩证运动的总体。"

书出版后，对社会上出现的一些批评的声音，波伏娃立即站出来说道："一些尖刻的评论家，指责《辩证理论批判》的书中有些文字不够连贯，思想观点不够贯彻，有断裂的痕迹，并且认为书中的逻辑显得有些奇怪，让人莫名其妙。这是因为他在这时卷进了阿尔及利亚与法国的战争中，萨特不得不中断了这些理论思考。不过在整个创作过程中，萨特很少涂改或撕毁一些不必要的文字，他的写作总是很连贯的，一写就是好几个小时，而且写作速度非常快，常常他挥舞的笔都跟不上他的思维。"

事实上，在《辩证理性批判》中，萨特所要解决的问题是："作为一个人——自由实践的产物，我们应该如何理解，历史会掉过头来与创造它的人类处于相互对立的位置上？历史对人类来说，为什么会演变成一种非人道的必然性，最终导致人沦为历史过程淘洗的对象？"

因此，有评论家认为，如果说《存在与虚无》要表现的是一种心理学的发展势头，那么在《辩证理性批判》中，它已经归入社会学和历史的范畴。因此，他们认为，萨特的这种转变，只有异化的自由的存在才能彻底解释清楚。

《辩证理性批判》发表后，引来了不少评论家的热议，他们的分析和判断也是五花八门的。

著名评论家杜勃罗夫斯基在《法兰西新杂志》发表文章说："很显然，《辩证理性批判》的出版，让我们看到了萨特把他之前的著作《存在与虚无》中的基本论断都放弃了。"

而另外一位评论家伽罗第则认为:"《存在与虚无》与《辩证理性批判》之间,并不相互矛盾,这两者之间只存在引起大家争议的'连贯性'问题。事实上,就我个人来看,萨特这两本著作的思想是一贯的。"

毫无疑问,萨特这本重要的哲学著作引起的反响是极其广泛的。一位名叫斯特劳斯的哲学家兼人类学家用了整整一年的时间,在他所主持的高等研究院讨论会上,与学生们一起讨论和分析《辩证理性批判》的重要思想。

1961年5月4日,因政见与萨特分道扬镳的老同学彭迪逝世。萨特听到这个消息后,立即为他筹备编印一套用以纪念彭迪的论文集。他为彭迪写的一篇名为《遗憾、悔恨、怨尤》的纪念文章,发表在1961年10月的《现代》杂志中,这一期的内容,成为了萨特献给彭迪的专刊。

值得我们注意的是,关于《辩证理性批判》,在萨特的晚年,他有了另一种新的认识,我们看到他在自己的《七十岁的画像》中这样说道:"对我来说,写作《辩证理性批判》是对我自己的哲学思想结了一次总账。这是某种势力给我施加压力以外,个人思想的一次总结。毫无疑问《辩证理性批判》是一部马克思主义的哲学著作,不过实质上,它是反对某种势力的。在那个时候,我有点极端地认为,马克思主义的精髓,全被扭曲了。而现在,我并不完全这么认为。"

《辩证理性批判》掀起的波澜逐渐平息后,萨特又把精力投身到各种政治活动中,显然,自1962年起萨特与苏联逐渐恢复了良好的沟通关系。

6月1日至24日,萨特和波伏娃再次接受了苏联作家的邀请。

很快,他们就动身前往苏联,除了访问苏联,还去了波兰观光，其间还与翻译家佐尼娜建立了深厚的友谊。后来，萨特在自传性小说《字句》的扉页上，就把献词献给了这位翻译家佐尼娜。

6. 拒领诺贝尔文学奖

  从第一天起就保护我不受争当"尖子"的诱惑。

——萨特

  1963年底，圣诞节刚刚过去，萨特又因"国际作家联盟"的筹备工作前往莫斯科，一待就是半个多月。前后经过半年多的筹建，1963年8月"国际作家联盟"终于正式成立。

  在成立大会上，萨特发表了关于论小说的演讲。萨特的这次发言，连同另外几位作家的发言，立即被刊登在《精神》杂志上。

  会后，萨特和作家们一起游览了亚美尼亚、格鲁吉亚、克里米亚等地。回到巴黎后不久，萨特和波伏娃又受到捷克作家的邀请，前往捷克访问。在布拉格访问期间，有记者问到关于文学的颓废问题。对这个问题，萨特很早就想表达自己的看法，正好借此机会。他这样说道："我坚决反对把卡夫卡、弗洛伊德、若伊斯这三位作家，归入人们所说的'颓废文学'的范畴。事实上，正是这几位作家的著作和思想理论，把我引领到马克思主义强大的生命力中。捷克目前所取得的社会主义文化的成就，让我很是惊喜，这里的一切都给我留下了深刻的印象。"

  回到巴黎后，萨特又先后多次往返苏联，这段时间，萨特和波伏娃频繁参加各种各样的社会活动。

有一天，当萨特和波伏娃在巴黎十四区的东方餐馆吃午饭时，突然传来了一个消息，说萨特成为了当年诺贝尔文学奖的获奖者。其实，这个消息早在一周前，瑞典科学院就已通知了萨特，说他被提名为奖金候选人。当时，萨特就曾表示，就算把奖授予他，他也不会接受的。

然而，现在真成了铁定的事实，在萨特的朋友中，年纪大一些的建议他去领这个奖，而年轻的则支持他拒领。最后萨特打定主意拒绝去领奖，并立即给瑞典皇家科学院写了一封信，信中委婉但意思明确地表示了自己的决定，希望对方马上取消这项决定，否则他会拒绝领奖。

然而，瑞典皇家科学院并没有顾及获奖者的意愿，还是把诺贝尔文学奖给了萨特。至此，萨特甚至有些愤怒，他立即起草了一份拒领诺贝尔奖的声明。萨特还安排了一位在瑞典的出版商，由他在10月22日斯德哥尔摩颁奖现场朗读。

这份声明一出，萨特又一次在新闻媒体和社会公众中引起了巨大的轰动，尽管他自己非常厌倦这种轰动，但各界已经炸开了锅。为了躲避新闻记者，萨特躲到了波伏娃的住处。萨特的母亲住在紧邻儿子的一个公寓，她把电话打到波伏娃那里，告诉儿子，他家门口围堵着一大群记者。

没过多久，波伏娃家的门铃也被人按响了，记者们在萨特家守候多时不见萨特，已经猜到他躲到波伏娃家里了。听着不绝的门铃声，两人相视苦笑了一下，最后，萨特为了想得到最终的清净，他走了出来让记者们拍照，并简单地说了几句真心话："我拒绝领这个奖是因为这个奖项使人受到了某种无形的束缚，而我只想一心一意做个自由人，作为一名作家，我想应该真诚地做人！"

第二天一大早当萨特出门时，依然被一大群新闻记者和摄影师团团围住，他疾走几步后回头说了一句："我不希望自己就这样被埋葬了！"

社会各界对萨特拒绝诺贝尔文学奖这件事十分热衷。虽然萨特已经在声明中详细而诚恳地说出了原委，但很显然新闻媒体是不会放过这种"反常"现象的，于是，各种荒谬的说法开始流传开来。有的说萨特因为好朋友加缪比他先获得这个奖，他才拒绝领取的；有的说是由于波伏娃嫉妒的缘故；还有的说因为萨特已经很有钱，根本不在乎诺贝尔文学奖的奖金。

实际上，此时的萨特正缺钱花，也正是这个原因他索性闭门专心写自传性小说《字句》。这部献给佐尼娜富人的传记，一共分为两大部分，分别是"阅读"和"写作"。

这两个词，几乎可以概括萨特一生所做的事。事实上，萨特的一生就是这么贯彻的，他认为，自己的一生无可厚非，就是关于阅读和写作的历史。阅读是为写作作准备，而写作则是阅读自行发展的一种必然性的结果。

萨特曾表示，在自传《字句》中，他尽量避免纯描述的文体及纯小说的写作方式。他说，虽然这是一次关于人生的回忆，但他应该采取自己的写作方式，把马克思主义方法和精神分析方法应用到其中，然后再通过自己所处的历史环境，让人们最终确定我是谁的身份。

萨特强调，通过这部自传式小说，他要让人们看到，一方面自己怎样履行一种美学观点去从事写作；另一方面，自己又是怎样全身心地介入到社会的政治斗争中。

其实早在1954年，萨特就开始着手撰写《字句》，1963年出版后，引起了文学界强烈的反响。因为这时，萨特已经成为法国名声最响的作家之一，所以他的一举一动，都必将引来极大的关注。

很快，世界各国都争相翻译了《字句》，并陆续与各国的读者见面。最早的外国译本要数俄译本。因为萨特这本书题献献给的，正是苏联翻译家佐尼娜。

萨特还为俄译本的发表给佐尼娜写了一封感谢信。这封信很快就被发表在苏联杂志《新世界》上。

《字句》成功出版后，萨特陆续收集了自1948年到1964年，自己在各种报刊杂志上发表的短文，并收编在《境况种种》中。其中包括了对死去的朋友尼让、加缪、纪德、彭迪等人的纪念文章。

1960年1月4日，过去的好朋友加缪因一次荒谬的车祸丧生。1月7日，萨特为这位因政见不同而断交的朋友写了一篇纪念文章。文中说："虽然我们最终吵翻了，但你知道，一次吵翻算不了什么。哪怕就像现在，我们再也不能见面，然而，这只不过是人生的另一种相处方式罢了。我一直相信，在我们这个小小的世界里头，彼此的实现从未消失。"

当年萨特一篇题为《共产党人与和平》的文章，曾遭到老同学彭迪的尖锐批评，但萨特并没有回应，直到1956年，两位老同学又在威尼斯相会，这时，他们的激烈论战才正式展开。

后来，彭迪为二战牺牲的尼让写了一篇题为《符号》的纪念文章，文章中表示希望与萨特恢复友好关系。当彭迪去世时，萨特充满感伤，为他写了一篇题为《遗憾、悔恨、怨尤》的纪念文章，文中充分肯定了这位哲学家一生的研究成果。

第六章　造反有理

1. 反对美国侵略越南

既无装备，又无工具，
我全心全意投身于使我彻底获救的事业。

——萨特

1965年3月10日，萨特的戏剧《特洛伊城女人》在巴黎进行了首次公演。这部剧的初稿在1964年的夏天写成，那时，萨特正在意大利的罗马访问。

在这段时间里，萨特高度关注的，主要是世界和平的问题。因此，在改编《特洛伊城女人》这部剧时，萨特主要想突出的是反对一切战争、维护世界和平的主题。

《特洛伊城女人》改编自古希腊悲剧作家欧利庇特的作品。对萨特改编的这部悲剧，作家宾果这样说道：

"与其说《特洛伊称女人》是一部悲剧，还不如说成是一部清唱剧更为贴切。毫无疑问，这是一部反对战争的剧作，尤其是指向反对殖民战争。"

正是这时，美国总统约翰逊决定出兵干预越南政务。不久，美国就发兵轰炸了北越，并且强迫越南南部的老百姓统一集中到一个他们规划好的"战略村"。在这个过程中，美国大兵实施了强硬的镇压手段，与越南民族解放阵线的人民展开了激烈的斗争。

眼看越南战争逐步升级，萨特毅然取消了去美国康奈尔大学演讲的计划。其实，这次演讲萨特在1964年就开始计划了，演讲的主题是为大学生开设一系列关于论哲学与论福楼拜的讲座。结果，由于越南的形势不断恶化，萨特感到满心怒火，决定放弃这次行程。

萨特在致康奈尔大学教授的信中强调，他之所以取消这次美国的行程，绝非针对某个人，更不是想与两亿美国人民为敌。

除了这封致歉信，萨特还立即给意大利爱好和平的青年写去了一封鼓舞人心的信。他鼓励他们不管以怎样的形式，都要积极参加到反对美国侵略越南的斗争中去。这封慷慨激昂的信，于1965年4月18日刊登在《团结报》上。

在信中，萨特热情洋溢地肯定了意大利共和国为争取越南和平所作的一切行动。对萨特来说，做一个使用文字的文艺工作者，是远远不够的，他还要做时代的先锋。因此，他很快就组织了一次和平集会。会议上，他这样说道："一个真正的先锋队，它不能只局限用语言来表达，而是要在创作中运用它。作家要懂得创造语言，而非机械地单纯地使用它。所谓创造语言，就是通过积极创新，把这个过程奉献给它的祖国。一个真正的先锋队的作家，他应该具备创造自己的公众的能力，他应该要让他的公众知道，自己正是要通过这些即将写出的词句，去关注和支持他们自由的世界观。"

在萨特看来，反对美国侵略越南的战争，是争取全人类和平事业发展的一个部分。因此，当希腊的记者希望他对希腊的处境发表意见时，他说："我支持希腊人民争取自主主权，反对美国文化在希腊进行的侵略行为，在拉丁美洲和欧洲都一样，想早日重建自己的民主制度，与维护主权的斗争是密切相关的。"

为了阻止美国进一步侵略越南，萨特接受了罗素的邀请，加入到国际战犯审判法庭。罗素是国际战犯审判法庭的主席。

这个法庭成立后，他们立即着手调查越南战争的主要战犯。这次被列为战犯的有：约翰逊（美国总统）、麦克纳马拉（美国国防部长)、纳斯克(美国国务卿)等。

法庭列举了他们的罪证,要求他们马上停止侵略行为,并表示坚决支持越南人民解放阵线的斗争。

法庭还表示,越南人民解放阵线所做的一切反抗行为,都属于正义的,并非恐怖行为。本来国际战犯审判法庭初定在英法开庭,但由于政府的压力,只能另选国家。可是,这时很多国家都害怕得罪美国,不愿意接受法庭在本国开庭。

最后,经过多方研究和努力,他们决定把法庭开在中立国瑞士。然而,就在准备开庭之际,瑞士政府下令,禁止一切法庭相关活动在瑞士举行。

萨特知道这个消息后,马上给法国总统戴高乐写了一封信,他希望戴高乐允许国际法庭在法国开庭。然而,戴高乐在回信中软硬兼施,首先把萨特称为"我亲爱的大师",然后坚定地回绝了萨特的请求。

萨特感到非常气愤,当《新观察家》的记者采访他时,他这样说道:"很显然,总统戴高乐之所以把我称为大师,那是因为他有意回避我在法庭的职责和义务,他仿佛在提醒我,做法国的一名伟大作家就够了,别惹那么多事。"

1967年5月2日,国际战犯审判法庭终于在瑞典的斯德哥尔摩开庭。萨特亲自为法庭致开幕词。他简要说明了法庭的起源和目的,又强调了法庭的合法性。

接着,他又严厉地说道:"由于世界局势的动荡不安,因此,我们希望把这个法庭作为一个新的常设机构,以便随时维护世界和平及反对各种不公平的侵略战争。然而,大家也许也发现了,建设这样的机构,其实是对我们这个时代最大的一个讽刺,不管是来自官方的,还是来自非官方的。但是,如果战争一直持续,为了维护世界人民的利益，这个机构也是必须建立的。"

这段时期，萨特除了高度关注越南战争，还对中东矛盾进行了各种积极的调解活动。他希望能够在阿拉伯国家和以色列之间建立起友好和平的友谊关系。

2. 养女与情人

> 一切爱都是绝对的，因为爱就是绝对本身。
>
> ——萨特

在反越战、中东局势动荡的时期，萨特已不知不觉地步入了人生的花甲之年，这时他亟须有人在身边，照顾他的日常生活和工作上的日程安排。而波伏娃自己也忙于写作和参加各种进步活动。

因此，萨特决定收养一个养女。其实，自1956年以来，一名女大学生卡伊姆就追随在萨特的身边。

卡伊姆是一名犹太学生，出生于阿尔及利亚。很早她就开始仰慕萨特的哲学理论思想。当初，为了考取舍菲尔斯高等师范学院，她写了一篇探讨和研究萨特的哲学论文。但最后，学院的教授不愿意录取她。

于是，1956年7月的一天，卡伊姆求见了萨特。从此之后，卡伊姆一直协助萨特工作，不管是在生活上，还是工作上，都是个得力的助手，最后他们还发展成了情人关系。

萨特对这位美丽、善良、聪慧的小姑娘，倾注了父亲般的疼爱，1965年1月底，萨特正式向法院申请了收养手续，把卡伊姆收为养女。这一年3月，申请就得到批准了。这一年萨特60岁，他和卡伊姆刚好相处了9年。

其实要了解萨特和卡伊姆的关系，可以直接从他们的书信来往中了解到，但卡伊姆特别要求波伏娃把萨特的书信中有关自己的内容全部删去。她不想外人更多地了解自己与萨特的秘密。但无论如何，从萨特对她的收养行为来看，卡伊姆在萨特的生活中，显然是越来越重要了。

卡伊姆音乐天赋非常高，她的钢琴弹得很出色，而音乐在萨特的生活中也是占有重要地位的，他也一直保持着弹钢琴的习惯，直到晚年因为病痛胳膊不能活动了，才停止了这项活动。

这时，卡伊姆就正好填补了这个空缺，她经常在晚饭后给萨特弹琴，还吹得一口好笛子，歌唱得也很动听。波伏娃虽然也会弹琴，但是水平并不高，因此不能经常与萨特一起合奏。

所以，卡伊姆这个角色在萨特的生活中起着不可取代的作用。让萨特决心把卡伊姆收为养女的原因是，这时萨特的精神状况日益恶劣，需要一个亲近的人来照顾。而卡伊姆的精神状态一直以来也不是很好，长期处于抑郁状态。

卡伊姆是阿尔及利亚籍犹太人，在法国她经常受到歧视，这给她脆弱的心灵蒙上了一层阴影，萨特对此经常鼓励她，努力帮助她走出过去的阴霾，希望她能够感受到生活更多的乐趣，并且为她营造一个光明的未来。

有人推测，为了帮助卡伊姆走出精神的困境，萨特曾经想过与她结婚，这就跟过去他两次对波伏娃和婉达提出结婚要求一样，他希望拿出自己最后的礼物，来帮助他认为值得帮助的人。

然而，从年龄来看两人差距好像太大了，萨特比卡伊姆大32岁，显然结婚有点不太合适了，而且还会牵扯到与波伏娃的关系，于是，萨特最后能够为她做的，就是把她收为养女。这看起来是个双赢的局面，因为卡伊姆被收养后，自然就可以加入法国国籍，名正言顺成为一名法国人，她日后的生活也不用忧愁了，心情自然就会逐渐开朗起来。

不过实际上，卡伊姆是萨特的情人，只是萨特没办法给她夫妻的名分，那就给了女儿的名分。卡伊姆后来在自己的书中谈到了收养的问题："萨特收养我，是为了帮助我。在这层奇特的关系中，存在着一种游戏的成分，实际上我已经不是一个小孩了，而过去我们经历的一切都无法抹杀掉。"

萨特的这一收养行动，实际上还包含着"犹太人情结"的因素，在他的一生中，犹太人问题是他最关心的问题之一。

第二次世界大战之后，作为法国人，萨特对于犹太人有一种深深的负罪感。他觉得战争期间，纳粹如此惨无人道地迫害和灭绝犹太人，而他作为一个非犹太的欧洲人，对此也应该负有无可推卸的责任，因为，以他个人的力量他未能制止这种罪行。那么，把卡伊姆收为养女，或多或少应该含有一些这种赎罪的意识。

萨特收养卡伊姆之后，两人之间的情人关系逐渐会减弱一些，作为父亲对子女的亲情相对会逐渐增强。其实，萨特对这种感情应该是熟悉的。因为当年他对婉达就充当了这种保护者的角色。

实际上，萨特对于自己所喜爱的女人不仅仅只是出于身体的关系，甚至主要的也不是性的关系，而是一种纯粹精神上的感情关系。

有记者问到卡伊姆："对于萨特收养你为女儿的事，波伏娃是否置身事外？"

卡伊姆肯定地回答道："是的，完全置身事外。"

其实，即使萨特把卡伊姆收为养女，卡伊姆在生活中的地位也不会超过波伏娃。波伏娃是萨特身边最为亲密的女性这一地位，是无可撼动的，尽管她并没有要求任何名分。从实质来看，她已经相当于萨特的妻子了。萨特和波伏娃的关系，并非名分可以确定和羁绊的，他们已经超越了这些外在的东西，实质的爱情已经有了，就是有了。

所以，确实可以说，萨特收养卡伊姆的行动，不足以对波伏娃构成任何威胁和影响。卡伊姆与萨特的亲密程度，是仅次于波伏娃而居于其他女性之上的。她一生最好的年华都是在萨特身边度过的，所以萨特对她的重要程度是不言而喻的。

后来，萨特患病严重时，卡伊姆经常守候在他身旁，并无微不至地照顾他，不过，波伏娃和萨特在一起的时间显然更多一些。因为这时，波伏娃确实在扮演着一个妻子的角色，尽管她没有任何名分；而卡伊姆也扮演着女儿的角色，尽管她并非萨特的亲生女儿。

3. 五月风暴

> 我们可以做许多白日梦，
> 可以失败，可以哭泣，光芒万丈。
>
> ——萨特

1968年，是法国历史上重要的一年，给这个时代的人留下了深刻的烙印。经历了第二次世界大战之后20年的社会震荡，法国和西欧很多国家一样，面临着严峻的社会考验，无论是在社会生产关系方面，还是人伦道德方面，都时刻考验着这个国家的统治方法。

进入20世纪60年代，不但劳工阶层感到重重压迫，知识分子阶层也遭遇到物质和精神方面的考验。在统治阶级方面，他们似乎只想维持旧有的社会制度，然而对被统治的阶级来说，亟须进行一次彻底的社会改革。

由此，一场风暴即将席卷整个法国。

其实，早在1967年的年初，萨特就闻到了风暴来临的气息。也因为这样，他一直以来都积极团结法国的左派势力，并努力组织各种左派活动。他甚至明确地指出："对法国左派势力来说，他们的首要目标就是向着一个共同的方向，实现一种最大程度的团结。因为在不久的将来，我们很可能在某个革命形势的拐点中，在左派势力的大选中，就能获得一次胜利。对美帝国主义来说，和平是他们不喜欢的东西，那么，如果我们现在进行改革，他们必然跑出来干涉，就像最近他们干涉希腊的内政一样。因此，我们要尽早作好准备，要打一场有准备的仗。"

"五月风暴"的前夕，陆续发生了一些具有启示性的事件。

3月17日，四位反对越战的中学生自发行动，对美国在巴黎的驻地投掷炸弹，很快就被法国警方逮捕了。

3月21日，巴黎大学第十分校农泰尔学校的学生，自发组织学生革命委员会，要求释放四天前被捕的中学生。法国政府闻讯，出动警力立即把农泰尔学校关闭，并在校园里投放催泪弹，还挥舞警棒。这样一来，形势变得更加严重了，大学生们的热血一下子被激发了起来，当时就引起了一场极大的骚乱。

5月3日，一个名为柯恩的农泰尔学院的左派学生被召到总部巴黎大学的训导处。其他学生知道后，更加义愤填膺，愤愤不平，他们自发组织了一帮学生，气势汹汹地来到巴黎大学总部，立即就与驻警面对面地发生了不可遏制的大冲突。

5月8日，萨特接到消息，马上联合一批作家共同发表了声明，呼吁知识分子、所有劳动工人及社会各个阶层的人士，从道义、行动、精神、物质上，支持教授们和学生们发起的斗争运动。

5月9日，萨特又郑重地签署了一项支持这次学生运动的声明。在声明中，他这样说道："就是这些学生，他们最先发现了这种异化的社会秩序，他们为了摆脱它所付出的一切努力和代价，都是可歌可泣的，让人十分感动。毫无疑问，这场轰动全世界的学生运动，已经戳破了西方自称'福利社会'的谎言。这次震撼人心的运动，就是给敌人最有力的回答。这些青年，不想再过像他们兄长那样的日子，因为他们已经觉醒，那种社会是没有将来的。学生们的暴力行为，完全是出于自卫，没有罪过，他们是被逼出来的，学生的斗争要找到自己的出路，那就是尽快联合劳动人民的力量。"

5月10日，萨特在巴黎大学的阶梯教室为大家发表了振奋人心的演讲。演讲结束后，引起了一场很大的争论。法共和法国总工会都表示不赞成学生加入斗争。

法共方面认为，这些学生只是自发的、没有组织的胡闹，他们缺乏斗争经验，是一时意气用事。而且出于学生安全考虑，法共和法国总工会，都想尽快阻止事态的发展。

5月13日传来好消息，学生运动得到了工人阶级全面大力的支持。从这天起，法国大批的工人罢工，他们喊起口号，在街上进行示威游行，并占领一些大型的工厂。短短几天之内，罢工的人数已经达到一千多万人。

萨特发表讲话，斥责法共贬低学生运动的自由言论。他这样说道："现在有一些小丑跳出来，竟然指责这些革命青年是资产阶级出身。我不管他们是什么出身，我只知道，他们全都是来革命的。我认为，这场革命就是代表民主，而非无政府主义。在世界上任何一个地方，这都还没有成功过的，一个属于人民自己的、一个真正的社会主义民主。"

到了5月中旬，萨特亲自与学生领袖柯恩见面，讨论当前的局势发展。萨特这样对柯恩说：

"你们的这次行动，之所以让我们决定全面支持，那是因为，我发现你们表现出一种对自由和民主的向往，虽然你们的想象力有限，然而，对比起你们老一辈的人来说，你们的思想很超前，很有主见。你们所创造的新事物，让人们感到惊讶。我把它们称为一种超出可能性范畴的延展性。"

由于萨特对这场学生运动的大力支持，人们往往把1968年的这次学生运动，称为"萨特主义的革命"。

1968年的这场"五月风暴"，直接导致了1969年戴高乐下台，公选裁决有53%的法国公民主张戴高乐辞职。这场胜利，迫使政府对法国社会进行了新的改革。

4. 母亲故去

人是一个走向瓦解的生命。

——萨特

这是一段让人伤感而又不平静的时期，萨特陆续收到了亲人和朋友去世的消息。这种激烈而紧张的政治局势又给萨特的精神和情感平添了另一种紧张和悲恸。

真是多事之秋，那场强劲的五月风暴，刚刚洗劫过巴黎，1969年1月30日，萨特的母亲在医院病逝了，在弥留之际，这个一辈子温柔驯顺的女人，紧紧地握住儿子的手，仿佛有很多话要说，但最终什么都说不出来。

萨特的母亲经历了两次婚姻，但一生都没有享受过爱情的喜悦滋味，后来上了年纪后，她说："我结过两次婚，也当了母亲，但我仍然是个处女。"

她的精神始终是圣洁的，当年她接受了芒西的求婚，更多的是为萨特的将来考虑，以为这个选择会对儿子有利。

直到多年后，她才知道，自己的再婚原来是个错误，儿子的精神上遭受了如此大的打击，她却毫无知觉。

其实，与芒西结婚后，她开始怀念起早年和萨特在一起时亲密无间的美好关系，她还经常背着丈夫邀请萨特和波伏娃一起聊天喝茶。

萨特的继父芒西，1945年就患心脏病去世了。至此继父的阴影才在萨特的脑海中烟消云散。一次成为寡妇的母亲提出请求，希望萨特和她一起住，萨特欣然答应了。

母亲仿佛一下又回到年轻时代，她高兴极了，把家中最好的房间留给儿子住，自己只住在另一个较小的房间。

母亲兴奋得像个孩子，她说道："瞧，这是我的第三次婚姻。"

但母亲并没有得到想象中的欢乐，因为一切都与从前不一样了，已经去世的芒西先生的思想观念，还一直深深烙在她的脑海，时刻影响着她。她发现，在许多方面她再也理解不了这个儿子，因此，两人经常发生争执。尽管萨特尽量迁就她，但她会为一些小事而情绪变得有些神经质。

有一天，门外来了一个年轻人，自称是一个美国人，说他弟弟在美国大学读书，很崇拜和仰慕萨特，托他来要一张自己偶像的照片。

芒西夫人一听，信以为真，高兴地拿出了萨特从婴儿到少年时期的各种照片。结果，这些照片登在了巴黎一家下流晚报的末版上，上面还配有一篇攻击萨特的文章。

萨特告诉她真相后，芒西夫人非常难过，她为儿子受到的伤害而泪流不止。萨特耐心地安慰她说："这不是什么了不起的事，没关系的，你以后尽量不要与新闻界接触。"

然而，到头来，芒西夫人总是发现管不住自己，当她发现自己又在某个场合说了不该说的话或做了不合适的事时，萨特从来都不曾表露出丝毫的责备之意，这时，她就更加难过了。

随着相处的时间增多，芒西夫人和萨特越来越相互理解。在儿子的努力帮助下，母亲逐渐克服了自小就养成同时又被丈夫强化的怯懦和依赖性，一天一天变得坚强起来，逐渐有了更多自主的意识。

尽管母亲生性怯懦胆小，但在面对阿尔及利亚的战争中，她始终坚决和萨特站在一起，并勇敢地承受住了公寓两次被炸的巨大打击。

直到1962年，她对萨特和波伏娃说："活到现在，我已经80岁了，但也只有到了现在，我才真正脱离我的母亲！"

由于公寓被炸，萨特把她安排进拉斯帕伊大道的一家旅馆。她乐观地说道："我觉得这没有什么不好，不要再爬楼梯，也不用干家务活了。"

这个旅馆的年轻女侍者们与她都相处得非常融洽，平时，她看看书作为消遣。由于政治原因，萨特的公寓被炸，他出于安全考虑，没有和母亲住在一起，但自己的住处离母亲并不远，平时常常来看她。

《词语》是萨特的自传式小说，母亲看完后非常兴奋。她笑着说萨特："对小时候的事情，你一点也不了解！"

当她看到萨特描述母子之间的亲情关系时，大受感动。萨特没有写《词语》的续集，母亲认为，在自己死后，估计萨特会去写这个续集。但她预言，自己将不喜欢它，因为书中马上就要谈到他的继父了。

　　这时，芒西夫人开始认识到，自己的再婚粉碎了她和儿子之间某种珍贵的东西。因此，她一再向波伏娃谈到自己再婚的动机和原因。对此，波伏娃是理解的，她一再让她放宽心，说萨特已经到了能够理解这一切的年龄。但母亲看起来仍然深感不安。

　　到了1968年，萨特的母亲经常感到头晕，有时会昏倒在房间里。1969年1月，她突发严重的尿毒症、中风和半身不遂，被紧急送进了医院。在她处于昏迷期间，各种治疗仪器勉强维持着她微弱的生命。

　　在最后的弥留之际，她有两次眼睛微睁，似乎认出了萨特，她虚弱地挪动那只还能动的手，一下抓住萨特的手腕，这时，她已经没有任何语言能力了，千言万语都在这一握之中。她勉强笑了笑，但脸部肌肉已经不听使唤了。

　　当死亡来临的时候，她一点也没有害怕。萨特久久地望着母亲沉睡般的祥和面容，他知道，自己生活中最宝贵的一部分，已经永远离他而去了。

第七章 与病魔抗争

1. 疾病折磨

> 知其中的美好，总是在无病强说愁，
> 或者颓废消极地蹉磨青春，
> 只有待到青春不再，方知其中的可贵。
>
> ——萨特

到了1970年，萨特已经是65岁的老人了，他的身体逐渐开始出现一些明显的病症。

9月的一天，萨特在吃过晚饭后，喝了一点酒，身体就开始有点不妥了，并不停地摇晃起来。

到了10月，萨特已经去医院作了十多次会诊，医生告诉他，他的左半脑的循环系统功能已经严重失调，有一部分血管变得非常狭窄。医生希望他马上接受一系列大剂量的注射，并叮嘱他一定要少抽烟，不能让身体过度疲劳。

进入1971年，萨特身体的不适进一步加重。

5月的一天，萨特从卡伊姆那里走回到和波伏娃的住处时，发现两条腿一点都不听使唤，一直抖个不停，说话变得含糊不清，嘴有点歪了。显然，这是轻度中风的典型症状。

萨特按照习惯，每天晚饭后，固执地喝上少量的威士忌，结果，那天的后半夜，他完全不能说话了，连上床也非常困难。

波伏娃见他这样，担心得一夜都没睡。

第二天天一亮，他们就去了医院，医生为萨特作了详细的检查。医生说，萨特的根本问题就是左脑一个部位的血液循环出现了极大的障碍，导致他中风。

这天晚上，萨特嘴上叼的烟老是自己掉下来，他已经控制不住脸部的动作了。

由于萨特不能说话，波伏娃就给他放了唱片，她选了一张威尔迪的《安魂曲》。萨特歪着头听着听着，突然嘴里咕哝地说："这个倒挺合适我！"

听了这话，波伏娃感到一阵心酸。

又过了一个星期，萨特的症状逐渐好转，恢复了说话和散步的能力。这天晚上，波伏娃突然听到阳台上传来萨特轻轻歌唱的声音："我不愿意让我的海狸感到痛苦，就算是一点点……我也不愿意。"

波伏娃听了，受到深深的触动。

进入6月，萨特的舌疾突然急性发作，说话和咽东西都会使他感到万般痛苦。波伏娃心疼地对他说："这一年真是糟糕透顶了，你不是这出毛病，就是那出毛病。"

萨特哑着喉咙回答道："哎，人老了都这样，这无所谓！"

"咳，你为什么这么说？"

"因为每个人都知道，这不会持续多久了。"

"你是说，一个人知道自己不久后就会死吗？"

"是的，没错。人一点一点地去开始死亡，这是很自然的事。"

萨特说这话的语气，简直让波伏娃惊恐万分，因为他仿佛早就站在生命的彼岸了。

1971年底，突然有一天，萨特对波伏娃说道："你瞧，我的健康已经消耗殆尽了，我将活不过70岁了。"

不过萨特的情绪还是不断发生变化的。

到1972年2月，他又乐观地对波伏娃说："嗨，照这样看，我想我还可以活10年呢。"

有一天，博斯特问萨特："你有时是不是也害怕自己死去？"

萨特回答道："噢，是的，有时。我每个星期六下午去看海狸时，就对自己说，千万别出什么意外，要是现在出问题，那可就糟了！"

波伏娃问："嗯？为什么是星期六？"

萨特回答："你还记得吗？我前两次发病都是在星期六。如果我在周六死去，那将破坏一个多么美好的周末啊！"

尽管是这样，这一年来萨特可没少喝酒，特别是没有人在身边的情况下，他把自己灌得酩酊大醉，说起话来结结巴巴，走路也摇摇晃晃站不稳，有时还摔倒在地上，鼻子都撞出血来了。

波伏娃问他为什么不听医生的叮嘱，竟然还喝那么多酒，萨特没说什么，只是敷衍道："哈哈，因为这样很快活呀！"

实际上，以波伏娃聪明的头脑，一猜就知道什么原因了，他这是借酒浇愁，逃避烦恼。

这一年的暑假，波伏娃和萨特去了罗马度假。午饭过后，大家美滋滋地一起吃美味的冰激凌，就在这时，萨特突然奔向了厕所，仿佛快要忍不住了。一天傍晚，他们从旅游景点回到了旅馆，突然萨特又一阵疯跑直奔厕所。

到了10月中旬，他们回到法国。这时，萨特小便失禁的情况已经很严重了。一天晚上，波伏娃对萨特说："你小便失禁了，应该赶快去告诉医生。"

萨特坦率地回答道："我早就跟医生讲了这个情况，但医生说我已经丧失了这方面的功能。"

对萨特这样的回答，波伏娃感到有些意外，因为在过去一旦涉及到萨特自己私人的问题，他总是显得很拘谨的，更不用说提及自己的生理功能。

波伏娃也坦率地问他："这样大小便失禁，是不是让你觉得很难堪？"

萨特苦笑了一下，说道："唉，人老了，就不能要求那么多了。"

波伏娃听他这么说，感到非常悲哀，面前的这个人，从来都不服输的，可在岁月面前，他竟也无可奈何。

这段时期，萨特的身体出现了另一个毛病，那就是口腔病，他的牙根开始脓肿起来，这让他非常痛苦。医生建议他把上排的牙齿都拔掉，然后配一副假牙。

由于疼痛难忍，他听从了医生的建议，当他拔完牙配上假牙后，发现结果比想象的好一些，说话和吃东西影响都不算大，他这才松了一口气。

到了11月，萨特的情绪随着病痛的折磨减轻，也变得好起来了。月底，他和波伏娃去看了一部关于他的影片的试映，在电影屏幕上，他看到了年轻而又生气勃勃的自己，这给了他很大的触动，他默默地给自己鼓劲："噢，不，萨特没有被小小的疾病压倒，他仍然是健康、充满生机的他，他热情、坚强、有活力。"

然而，身体的机能却不听这一套，由于动脉堵塞，变得越来越狭窄，脑部的血液循环发生了严重障碍，致使萨特的身体状况越来越糟糕。现在，小便失禁只是小问题，更大的问题已经出现，他的脑子经常神志不清，并且常常产生幻觉。

1973年3月，萨特为自己担任主编的《解放报》赶写一篇文章，由于太过疲累，一下就导致病情突然发作。这一天晚上，他刚好在卡伊姆那里，到了晚上10点，他的整张脸都变形了，手中的香烟也夹不住了，掉在地上。更可怕的是，他明明就坐在电视机前，卡伊姆问他电视机在哪里，他好像完全没有听见，整个人一下就糊涂了，而且他的手臂也因麻痹，一点都不能动弹了。

第二天，波伏娃陪他去医院作检查，医生给他打了一针，他的脸也没有歪得那么难看了，手臂也勉强能够活动起来，但头脑还是有些迷糊，对自己犯病的各种状况，仿佛一无所知。

这天早上醒来，萨特起床后缓慢地来到阳台，波伏娃转过身问他："今天你觉得还好吗？"

萨特踌躇着，摸摸自己的嘴，说道："看起来还好，我的牙好像不疼了，没有知觉。"

波伏娃瞪大眼睛，深感惊诧："嗨，这一阵，你的牙并没有疼过呀！"

"哦，在哪里，你知道的，昨天晚上我们和阿隆在一起呢。"萨特语无伦次地说着，突然就起身走向卫生间。

当他回来，并拿着果汁慢慢地喝着时，波伏娃向他解释道："阿隆昨天晚上没来，来的是博斯特。"

"噢，是的，我说的本来就是他啊。"萨特漫不经心地应道。

"你记得吧，昨晚开始是很愉快的。可后来你喝了一点酒，就变得疲累不堪了。"

"哦，看来我是因为忘记取下我的耳塞了。"萨特又胡乱答道。在他的整个思维中，已经完全是凌乱破碎的了，他没办法再把这些碎片有序地组织起来。

对此，波伏娃非常惊惶，她有点不知所措。接下来的日子，萨特的头脑一直都是混乱的，不断产生各种幻觉。

波伏娃带萨特去作脑检查，医生得出的结论是，萨特又患上了一种脑缺氧症，这是因为吸烟导致的，而所有问题的根本原因是他的动脉和小动脉已经变得狭窄。

医生建议波伏娃带萨特到乡村去疗养一段时间。对这个提议，萨特本人几乎没有反应，仿佛这件事与他不相干。这个晚上，波伏娃听到他老是没完没了地讲述一个坐在他膝上的黑女人的事情。

不久之后，波伏娃就和萨特启程去了法国的阿维尼翁。在萨特的头脑中，始终充满着各种错觉和幻觉。他喃喃地自说自话，总是认为还有一个约会要赴。他脑子里漂浮的印象，并没有具体的人和地点。但有时，他又突然很清楚地记起某些重要的事情来。

疗养结束后，萨特的病情看起来并没有好转，反而有加重的迹象，并且糟糕的情况接踵而来。

现在萨特的病症不仅仅发生在大脑，还牵连到了眼睛。本来，他从小就只有一只正常的眼睛能够工作，现在医生检查出来的结果，这只好眼的视力也已经丧失了40%的功能。他连续作了两星期的检查，都不能确诊，视力变得越来越糟。现在，他甚至拿着一个放大镜趴在报纸上，仍然不能看清那些文字。

如今，除了波伏娃以外，萨特见到任何人，哪怕是好朋友，也往往沉默不语，半句话也不说。一次郎兹曼来探望萨特的病情，萨特沮丧而呆板的神情让他非常吃惊。临走时，他吻了萨特，萨特突然冷冷地说道："你还不知道是在吻一块墓石，还是一个活人。"

萨特也知道自己的眼睛恢复无望了，并且也开始适应自己失去阅读能力这个事实。有一天，波伏娃和他去饭店吃饭，萨特神情冷淡地说道："我有一种感觉，我的眼睛怕是好不了了！"

接着他又以一种不自信的口气问道："你看，我现在还像从前那样富于理智吗？"

"当然啦！我可怜的人，你只是看起来心情不好！"波伏娃努力装得轻快一些。

"没有什么事值得我心情好起来！"

由于萨特的身体健康状况已经无法承担报社的工作，在5月下旬，他辞去了自己在左翼报纸包括《解放报》中的所有职务。

2. 写不完的福楼拜

把艺术作品看作超验的成果，
以为每件作品的产生都有益于世人。

——萨特

自童年时代，萨特就开始阅读法国作家福楼拜的作品。毫无疑问，他是萨特最为崇敬的一位大作家。他曾经说道："对福楼拜小说《包法利夫人》的最后几页，我前前后后、反复读了不下二十多遍。到了最后，我甚至都可以把它们整段整段地背诵下来了。"

很显然，在萨特接下来发表的小说《恶心》中，他也受到了福楼拜的影响。细心的读者会发现，当萨特在《恶心》中描写海港风景和人物个性特点时，采用了不少福楼拜式的描述风格。就连给小说的主人公取名，也和福楼拜作品中的某些人物的名字非常接近。

在萨特的哲学著作中，也毫不例外，人们很容易就能发现福楼拜的影子。比如在《存在与虚无》中，萨特曾把福楼拜的文字当成实例来引用，以此去批判一般的传统心理学，并试图建立起属于自己的存在主义分析学。

在《存在与虚无》第二章的第一节中，萨特这样引用福楼拜：

很显然,这一类型的精神分析,人们还没找到它的弗洛伊德;充其量,也只能在一些取得特别成就的传记中,人们发现了一些踪迹。我们非常渴望可以在陀思妥耶夫斯基和福楼拜的传记中,提出像这样的例证。

在这时,萨特还计划认真地研究福楼拜。到了第二次世界大战结束之后,萨特才又重新评价了福楼拜的文学创作成就及其作品的历史意义。在《什么是文学?》一文中,他写到关于福楼拜,并且在他看来,福楼拜属于典型的资产阶级作家,应该要进行全面的批判。

又过了一段时间,正是1956年,萨特的存在主义与马克思主义论战的时期,出于哲学论战的需要,马克思主义理论家伽罗第提议萨特把福楼拜作为分析的中心,这样也许能够更好地比较出存在主义与马克思主义的差异。于是,萨特又认真地研究了一阵福楼拜。

从此之后,萨特只把福楼拜当成典型的批判例子,来考察自己的存在主义哲学理论,究竟能够应用在多大的范围及波及多深的程度。这其实也是萨特对存在主义的一个实际论证。他试图以此来克服自己的哲学理论的缺陷,并希望促使自身理论的发展。

早在1957年4月,萨特就在自己主编的《现代》杂志上宣布,即将发表系列研究福楼拜的文章。由于各种事务缠身,到了夏天,研究福楼拜的文章才定出了一个题目,名为《家庭中的白痴》。

题目定了几年后,论述福楼拜的文章还没见踪影。事实上,致使这篇《家庭中的白痴》难产的过程,正是萨特本人应用存在主义的原则和方法面临的整个困难的过程。

人们可以看到,在1958年至1960年,萨特先后发表了哲学著作《方法问题》和《辩证理性批判》,这种思想发展的过程,萨特正希望求助于马克思主义的辩证法,能够帮助存在主义补充其不足。

萨特在1960年与一位记者的对话，能够很生动、明白地说明这个问题。当时记者问萨特："是因为福楼拜，你才觉得自己有写辩证法著作的必要吗？"

萨特爽快地回答道："确实是这样，你看，在我写的《方法问题》中，毫无疑问已不得不去谈论关于福楼拜的问题。然后，我又把书中关于福楼拜的部分直接转引到我的哲学著作《辩证理性批判》中。"

一直到了1960年前后，萨特还在反复地、断断续续地写着关于论述福楼拜的文章。从手稿的片段中，人们可以看到，萨特强调自己的对福楼拜的批判方法是从两个方面来进行的。

一方面，从作者本身出发，然后再去分析他的重要作品；另一方面，以作品本身作为出发点，然后再去分析作者的创作思想、文学艺术价值及社会历史意义等。

到了1963年，萨特在研究福楼拜时，明确地指出：在法国的文学作家中，福楼拜是最反对文学家参与到历史政治中去的一个。然而，从他的实际行动来看，他比任何一个文学作家承担的历史责任都要疯狂。从这个有趣的现象，我们可以发现在福楼拜幼年时起，他已经不知不觉地开始承担起社会责任。

我之所以想好好研究福楼拜，一方面，我想论证我们分析、观察人物和社会历史事物的理论根基，必须是体现马克思主义的；另一方面，我想要认清福楼拜本人是怎样通过自身来使他的作品独立化、特殊化。同时，我又希望从他的作品中窥见他是如何把自身普遍化的。

在福楼拜的作品《包法利夫人》中，实际上里面的主人公包法利夫人，正是现实中女性化的福楼拜本人。

在他的作品中，我似乎总是瞥见许多与自己相反的东西，而正是这些不同的东西，促使我去批判他。

到了20世纪60年代中期，萨特这时可谓已经历尽各种社会斗争，对马克思主义也已反复研究实践过了。这时萨特才决定通过全面研究和批判福楼拜，来完善和发展自己的存在主义哲学思想，并想以此来整理一下自己的哲学思想脉络。

到了1971年5月，研究福楼拜的书——《家庭中的白痴》第一、二卷终于出版了。

1972年，《家庭中的白痴》第三卷也终于顺利出版了。统计了一下，前三卷书萨特一共写了2800多页。很显然，这是一部丰富浩瀚的文艺评论典籍。

然而，这套书到此实际上还是没有写完。

虽然萨特本人希望能够把它写完，但从这之后，萨特因为各种事情的耽搁，最终本书还是成了一部永远也写不完的福楼拜。

3. 一个埋葬前的复兴

如果人的实在局限于我思的存在，
它就只能有一个瞬间的真理。

——萨特

经过精心的治疗，到了1974年6月，萨特的身体状况明显好了一些，那种糊里糊涂、产生幻觉的症状，也不那么严重了。但他已经感觉到死神的逼近，这迫使他急切想完成一部自传性质的书。这部书中他将对自己的一生作出一个全面的回顾，可以看作是一份遗嘱和留给世人的一个交代。

这时，他的眼睛已经接近失明，完全失去了阅读和写作能力。但他发现，他还可以说。于是他打算用口述谈话的方式让磁带录下来，让波伏娃再整理成文字。

对人生最后的这项工作，萨特全神贯注，投入了全部的精力。一旦他感到疲累，波伏娃就让他休息，把进度放慢一些。

萨特的那本自传式小说《词语》只写到他12岁为止，即他母亲改嫁之前的美好童年生活。

事实上，萨特对自己过去的一切都毫不留恋，他不喜欢作过多的回忆。不过，这次口述可以看作是《词语》的续集，那就是他12岁之后的人生经历。

萨特的谈话语言是非常具有个人特色的，生动、风趣、幽默、鲜活，闻其声如见其人。而他对人生深层次的解构，则是精辟富含哲理的，处处闪耀着睿智的光芒。

这时，萨特已经接近70岁了，说话比从前更加直白和坦率，说任何事情都不加掩饰，达到了一种"赤裸裸来去无牵挂"的境界，这让读者更容易窥见他内心的真实世界，那里埋藏着许多他从前不愿意提及的个人隐秘的东西。

更可贵的是，和他谈话的是伴随他一生的波伏娃，在哲学的领域他们几乎达到了同等的认知水平，她是萨特一生最理想的对话者。

这次谈话记述了萨特过去许多的日常生活，还有一些两人之间的鲜为人知的故事。内容围绕的主题有：写作和阅读、哲学与文学的关系、音乐和绘画、人的自由、人的骄傲、长途旅行、天才和平、与女性的关系、与男性的关系、人类的身体、社会主义、政治、时间、食物、月亮、金钱、死亡与上帝、一生的看法等等。

经过一段时间的适应，萨特终于可以接受在失明的情况下淡然地进食、散步，及进行一切日常活动。

他认真而恳切地对波伏娃说道："海狸，我向你保证，一切都好好进行。你读给我听，我们一起工作，我的视力作一般的活动足够了。一切都顺利进行，我真切希望在我死之前能够完成它！"

波伏娃点了点头。

这时传来了一个好消息，萨特早在两年前拍摄的一部纪录影片获得成功。

那是1972年，两位专门研究萨特的人，为萨特拍了一部电影，那时萨特表现出极大的兴趣，就马上答应了。

场景放在了萨特的公寓，有时是在波伏娃的公寓，主要人物是萨特身边的几位好朋友。他们有时相互问问题，有时又对过去作一番详细的回顾。

影片的名字最后定为《萨特自述》，这个电影剧本大部分完成于1972年的春天。

在影片的拍摄过程中，还发生了一些有趣的小插曲。

1972年2月，一位比利时朋友拉莱曼特，邀请萨特到首都布鲁塞尔作一次演讲。拍摄人阿斯特律克也准备随车前往，他想拍摄一些萨特生活和演讲的镜头，或许以后在电影上用得着。

萨特这次演讲的主题是关于知识分子的问题，来听他演讲的听众，几乎都是清一色的中产阶级，那些妇女、小姐一个个衣着讲究，头发都弄得光彩动人。

但其实，他们对萨特讲的东西几乎一点都不能理解，或者根本就不感兴趣。有些听众甚至还对萨特这个人怀着敌意和不满，因为他作演讲时，没有穿正式的西装，只是很随便地套了一件黑色的毛衣。事实上，自从1968年以来，萨特就拒绝再穿传统的西服，也不打领带。好不容易演讲结束了，台下一个女士盯着萨特说道："嗨，听这种演讲，真不值得我们的大作家穿这么讲究的衣服！"

另一位女士在一旁尖刻地附和道："一个人在公众面前讲话时，首先最应该注意的是自己的衣着是否得体！"

演讲结束后，萨特始终不明白拉莱曼特为什么要请他来作这次演讲。整个会场，气氛非常乏味，没有一点互动性，台下听众的提问也是愚不可及，因此，最后萨特也只是随意作了应答，好尽快结束这场苦难。

不过，在整个演讲的过程中，有一个场面让萨特感到高兴，那就是阿斯特律克带着他的摄像机在地上爬来爬去，当机子对着正在卖力演讲的萨特，准备拍下一些珍贵的镜头时，突然，摄影师的裤子掉了下来，露出了屁股，正对着台下那些一本正经的听众。这真是极大的讽刺，让萨特为之一乐。

这个不雅的滑稽场面发生后，那些听众也不敢笑出声来，他们要保持自己一本正经和有教养的姿态，一个个都装作若无其事，仿佛什么都没看见。显然那些憋红了的脸是非常难受的，看到这个尴尬的场面，萨特自己快乐得像个孩子。

这部影片大致的顺序，是按萨特的童年、母亲改嫁、外祖父的书房、阅读、孤独、尝试写作、与尼让建立友谊、巴黎高等师范大学的幸福时光、海狸、教学、去德国留学、经历成年精神危机等等一直到他近70岁的写作生涯，这个全面的回顾结合在大的社会历史背景下进行，个人与社会紧密地结合为一个整体。

萨特以一个哲学家、作家、知识分子的身份，在影片里阐述了这个复杂多变的时代，广泛涉及到了哲学、政治、战争、暴力、道德、自由、文学等重大问题，它深刻地启迪了观众对20世纪的历史的看法，使之作一个更深层次的认识和思考。

影片《萨特自述》拍摄完毕后，在巴黎上映，成群结队的观众走进了电影院，观看完之后，普遍给予了萨特热烈的赞扬，就算尖刻的批评家也给出了正面的评价。

1975年6月21日，这一天是萨特70岁的生日。其实早在几个星期之前，萨特就开始接到不计其数的电话和电报，人们纷纷祝贺他70岁诞辰。

社会上的各种媒体更是把他作为热点人物，进行整版整版的报道。不少慕名而来的年轻学者和大学生，亲自登门拜访，把他作为自己学术研究的对象。萨特苦笑着对波伏娃说道："看吧，我又开始出名了！"

在70岁生日的当天，萨特的一个女性朋友为他在自己家举行了一个庆贺宴会，萨特和波伏娃应邀而至。那天，大家都玩得很开心，波伏娃发现，他很久都没有这样开心地笑了。

几天之后，萨特又和几个朋友去看了《萨特自述》，尽管他这时几乎已经失明，但仍然兴致勃勃。

一天，《新观察家》的记者采访了萨特，问到他和波伏娃的关系时，萨特称波伏娃是自己一生最理想的对话者，她不仅在哲学领域和自己处于同等的高度，还是他生活中最亲密的女性。

他接着说道："这是上帝给我独一无二的恩赐！在我的生活中，出现了几个重要的女性，但波伏娃在某种意义上是唯一的。"

在这次采访中，萨特对自己的命运表现出一种超然而达观的态度。直到最后，他还在努力地总结自己一生的经历，还在不断反省，他觉得自己没有什么可抱怨的。他说："生活给了我想要的全部东西，同时，它又让我认识到，它原来没有多大意思。不过，对这一切你又有什么办法呢？"

伴随着这句反问的提出，萨特自己哈哈大笑起来。

最后，他努力收起笑容，认真地对记者说道："我们应当时刻保持笑的能力。而且，你还要加上：'伴随着笑声。'"

就这样，整个谈话在一种轻松、乐观、开朗的气氛下完满地结束了。

1976年9月，萨特的戏剧《肮脏的手》在水手剧院再一次热烈上演。在这之前，它已在法国各省巡回演出达到150场之多，评论界对这部戏剧的反应一致叫好。

波伏娃对萨特说："看呀，伟大的天才，这是一个多么辉煌的复兴！"

萨特笑着回答道："对，没错。一个埋葬前的复兴！"

实际上，这种辉煌和复兴让他打心底里感到满足。

4. 放纵的爱

> 我感到我的疯狂有可爱之处，
> 那就是起了保护我的作用。
>
> ——萨特

在生命的最后几年时间里，萨特几乎每天都在疾病的折磨中度过，但他的精神状态似乎从病魔的打击中逐渐恢复起来，尽管不能看，不能写，也不能阅读，但他精神好的时候，还会参加一些社会政治活动。这种生命力的焕发，一方面靠自身强大的意志力，另一方面他身旁的女性个个都对他悉心照顾，并不断在精神上安慰他，同时事业上取得了辉煌的复兴，对他也是一剂灵丹妙药。

其实这时，萨特在公众的心目中已经具有非常巨大的影响力。

有一天，萨特向波伏娃抱怨自己最近的工作总是太少了，波伏娃笑着打趣道："那是因为来看你的漂亮女性太多了一点！"

萨特回答道："你知道的，这对我是有益处的。"

波伏娃很了解萨特，她知道关于与女性亲密相处的话题，总能激发他对生活的巨大兴趣。

萨特见波伏娃不回答，又说道："可是瞧呀，在我年轻的时候，可没有像现在这样招女人喜爱！"

说这话时，萨特带着孩子气的满足和喜悦，但一想到自己的缺陷，又自言自语道："遗憾的是，她们长得再漂亮，我都看不见啦！"

波伏娃看了看他的表情，没有说话，继续写作。

实际上，在萨特的日常生活中，有很多女性常常依靠他的帮助，不是经济上的接济就是精神上的开导，对此萨特似乎有些乐此不疲。一位名叫莉莲的年轻女孩问萨特：

"她们总是依赖着你，你不感到恼火吗？"

萨特微笑着说道："不会，这种关系甚至让我感到有些快乐！"

"是你感觉受到了女性的需要，感觉到了被宠爱吗？"

"是的，没错，某种意义上确实如此。"

"你发现她们都爱你吗？"

"噢，对于这个我早就知道了，而且这让人感到幸福和安全！"

在萨特备受病痛折磨期间，波伏娃也仿佛感同身受，她勤勉而耐心地担当起照料他起居饮食和工作的责任。

悉心照料需要巨大的爱心，而这个人只有真正了解萨特的波伏娃，才担当得起来。在萨特最痛苦的时候，她给予他安慰和鼓励。她每天都处在担惊受怕中，但并没有表现出来，只是等到夜深人静之时，才独自默默流泪。

有一天，波伏娃把药送到萨特的嘴边，喂他服下去。萨特抿了抿嘴，说道："亲爱的海狸，你真是一个好的妻子！"

萨特突然深情地说出这样的话，让波伏娃感到非常吃惊，因为从前萨特是不会说这一类温情脉脉的话的。而且从一开始他就打心眼里讨厌结婚，当然也不需要一个妻子，也没有妻子和丈夫的概念。

其实，这时的萨特是情到深处，自然流露出的真实想法，他当然感受到波伏娃的悉心照料就像一个普通的妻子照料生病的丈夫一样。

在萨特人生最后的10年里，他与身边女性的时间安排也是有规律的。从这种安排中，可以看出她们各自与萨特的亲密程度。

萨特长期较为固定交往的女性有四位：波伏娃、婉达、米歇尔、卡伊姆。米歇尔和丈夫是在二战后不久与萨特认识的，他们都对萨特的作品非常仰慕。后来，米歇尔与丈夫离婚，然后和萨特公开以恋人关系在一起。

米歇尔活泼开朗，脸上总是带着让人愉悦的笑容，她一头金色长发，这使她非常迷人。她懂音乐，懂文学，还喜欢写诗。她并不嫉妒萨特与其他女性的关系，这是她能和萨特保持长久亲密关系的原因。

每个星期，萨特大概有五个晚上在波伏娃那里度过，有两个晚上和卡伊姆一起，对于婉达和米歇尔，他只是偶尔或不定时去看望她们。

到了休假的日子，萨特也把时间安排得很有规律，比如先和卡伊姆过三个星期，然后和婉达过两个星期，最后把剩下的时光都和波伏娃一起度过。

在萨特生病期间，这些女性也经常来到萨特榻前，轮流照顾他。有一段时间萨特病得很厉害，不能出门吃饭，女友们就聚在一起商量好，轮流给他送饭。午饭的安排为：星期日波伏娃；星期一和星期五是米歇尔；星期四是莉莲；其余三天则由卡伊姆负责。而每天的晚饭都是由波伏娃给他带去，一般晚上她就不走了，留下来照看他。实际上，从这个安排上读者也可以了解到那些女性在萨特身边的亲密程度。

有一个星期天，波伏娃和萨特一起吃完午饭后，发现他出现了异常的情况，他好像突然睡过去了。直到晚上9点，萨特似乎没有醒过来的迹象。波伏娃吓坏了，马上拨打了急救中心的电话。

医生检查后发现萨特的血压突然升高。波伏娃一番询问后才知道，星期六米歇尔来照顾萨特时，给他带了一瓶威士忌，他仰头就喝了大半瓶。对此，波伏娃非常生气，马上打电话给米歇尔，让她以后星期六晚上不用来照顾萨特了。

过了几天，萨特病情稳定之后，米歇尔向他解释让他喝酒的原因，她说道："我见你一直都这么痛苦，真想帮助你愉快地死去，我真的是这么想的！"

虽然米歇尔的做法有些古怪和荒诞，但归根结底也是出于一种爱心，她只是用自己的方式表达对萨特的爱。

事实上，在萨特生命的最后时光里，还出现了一些女朋友，除了莉莲还有一位名叫梅丽娜的希腊姑娘。

1973年萨特和梅丽娜在巴黎认识。梅丽娜学的也是哲学，她对萨特的哲学理论很感兴趣，经过研究后，写了一篇关于萨特的论文。萨特很喜欢她，因为她具有希腊女性的那种典型的美，萨特对她一见倾心，常常去看望她。刚好这段时间是萨特遭受疾病折磨最厉害的一年，与梅丽娜的交往，让他在这种爱中得到了极大的安慰。

梅丽娜年轻漂亮，但精神上似乎有些不正常，偶尔会在大街上歇斯底里，经过医生的检查，说她的症状是一种妄想症。在她住精神病院时，萨特经常去探望她。往往是萨特进去房间看她，而波伏娃在大厅等着他。

萨特见到梅丽娜时，她仍然处于一种病态的妄想之中，她穿着医院的病号服，头发蓬松散乱，脸庞消瘦，就跟疯女人一模一样。探望她之后，萨特心中感到非常难过，他对波伏娃说："我想，我再也不忍心看到她这副模样了！"

萨特本来每年都和波伏娃去罗马的，但1975年的假期萨特决定去希腊雅典度假，因为梅丽娜的病已经好了，并在雅典大学当一名助教。

见到梅丽娜，萨特发现她胖了一些，但仍然惊人地美，她的性情好像改变了不少，变得不是很爱说话。

1976年的假期，萨特又选择了去雅典度假，他再次见到了梅丽娜。萨特和波伏娃在雅典待了一个星期，他白天和波伏娃在一起，晚上则陪梅丽娜一起度过。

这一年年底，梅丽娜也飞到巴黎，在这里逗留了一个星期。萨特不无担忧地告诉波伏娃，这次见梅丽娜感觉她整个人变得有些空洞。

不久之后，萨特接受了梅丽娜工作所在的雅典大学的邀请，去那里作一次演讲。萨特准备了一个题为《什么是哲学》的演讲稿，为礼堂里1500名大学生演讲了大概一个小时。整个演讲的过程互动气氛非常好，不时激起一阵阵雷鸣般的掌声。

在雅典过完了复活节,萨特才回到法国,梅琳娜也来到了巴黎,萨特和她的见面次数也日益频繁起来。他忍不住满心的欢喜,对波伏娃说道:

"和她在一起,我感觉自己又回到了30岁,仿佛一切都变得有活力,浑身充满力量!"

对此,波伏娃深信不疑,她很高兴能够看到萨特焕发青春的样子,这让他看起来精神多了。

不过,当萨特和梅丽娜这一年从罗马度假回来时,波伏娃发现他对梅丽娜的态度有了一些改变,并且希望她再来看他,他也不会按原计划去雅典看她了。萨特给梅丽娜留了一年在巴黎的生活费,就不想再见到她了。事后,他对波伏娃说:"这个女孩太追求自己的利益了,没有多大意思了,对我来说,她不再意味着什么。"

后来,梅丽娜给萨特打来了电话,但萨特明确地对她说:"尽管我现在还对你有一丝感情,但事实是,我不再爱你了。"

梅丽娜一听就哭了起来,波伏娃猜测,她也许跟多年前的美国女孩多罗列一样,对萨特要求太多独占的感情了,显然,这是萨特无法接受的要求。

5. 陨落的明星

> 唯有死者才能不朽。
>
> ——萨特

萨特的一生,对身边众多的女性肆意地挥洒自己的爱,却很少与男性建立起深刻的友谊，不过屈指一数，还是有一位的，他就是维克多。维克多是一名犹太人，埃及国籍。他在巴黎高等师范学院攻读哲学。

经过1968年大学生掀起的五月风暴后，维克多和几位左派人士建立起一个"无产阶级左派"的组织。

萨特还记得和维克多第二次见面的情景：

萨特：我记得，在1970年春天，我们吃过一次午饭。

维克多：你当时一定猜想，将要和你见面的这个人到底是怎样一个人？

萨特：那时我想，你可能是像街头阿飞一样的古怪角色。事实上，我对你充满了好奇，因为大家都说你是个神秘人物。

维克多：那么见到之后呢？觉得我是什么？

萨特：一见到你，我马上就喜欢上你了。因为你看起来比我之前见的那些政治人物聪明得多。对这一点，我是非常看重的。对于政治色彩较少的话题，你也很愿意和我谈，这就说明你很自由，视野开阔，愿意超越话题本身。事实上，这里是我和女性经常谈情说爱的地方，和男人之间是很少有的。

维克多：你没有把我当成一个男人，也没有把我当成某个组织的头头。

萨特：噢，不，你毕竟还是一个男人，不过在你身上有某种女性的特征，这一点正是我喜欢的。

从这次见面看来，萨特也没有把他生命中重要的男性朋友看成通常的那种男性，而是把他看成有女性特征的男性。

萨特与维克多的交往是非常密切的，每个星期维克多都会来看萨特一两次，他有时也会去看维克多。

在萨特失明后，由于波伏娃的工作非常繁重，萨特为了让她解脱出来，于是让维克多当自己的秘书，维克多主要的工作是为萨特读书和协助他处理工作事务。

这样一来，他们相处的时间更多了。除了童年时的好朋友尼让，维克多成了萨特可以信任的男性朋友。

一般来说，萨特对成年的男性有着本能的厌恶感，但维克多可以说是一个例外。萨特很喜欢他身上的那种温柔的女性特征，也许这样才足以打动萨特吧。

1975年夏天，萨特和维克多合写一本名为《权利与自由》的书。萨特说："这是我生命终结之时，最后要完成的一部作品。"

这部书是萨特和维克多通过讨论和谈话的形式，录音之后再由维克多整理成书出版的。

这种新型的写作方式，激起了萨特极大的斗志。波伏娃对他们的亲密关系并没有任何不满。就算女性在萨特身边，波伏娃都能够把握住自己的位置，那么一个年轻男性她更加不会在意了。

有一天，《新观察家》的记者来访问萨特，让他谈谈自己的未来时。萨特这样说道："我估算，自己至多可以再活五年，又或者实际上是十年也说不定，但据我估计，最有可能五年之内我就死去。对一个即将死去的人来说，这个世界是几乎看不到希望的、是丑恶的，这是一个老人真实的心情。然而，恰恰是这个绝地之境出现了，我正想坚持和反抗，并且一直走到底。也正是因为这样，我将意识到自己是在一种巨大的希望中死去。

"我要试着为自己解释一下，这个世界为什么突然会变得如此可怕，于是很快就会发现，生命只是历史长河中一个短暂的瞬间，而从来希望都是造反和革命最有力、最致命的一击，那么我就有理由坚信，在我未来的概念中，希望还是存在的。"

与记者的这次谈话之后，还不到一个星期萨特就病倒了。

1980年3月19日晚上，临睡之前萨特问波伏娃："今天在《现代》杂志出版社的会议上，有人谈到我们上次谈话的内容吗？"

波伏娃摇了摇头说没有。

萨特的脸上流露出一丝失望的表情。

第二天清晨，天蒙蒙亮，萨特的病开始发作了，他几乎喘不过气来，脸色一阵白一阵红。他连走到波伏娃房间叫醒她的力气都没有了，一直到了9点波伏娃才发现面无人色的他瘫在床上。波伏娃见到这样的状况大惊失色，立即冲到电话旁，打电话给最近的急救服务站。

五分钟之后，急救车来了，医生为萨特放了血，并给他打了一针，一直抢救了一个多小时。然后，萨特才被医护人员抬上了担架，送上了救护车，直奔勃鲁塞医院。就是这一送，萨特永远也回不到自己的住处了。

下午，波伏娃带着吃的东西急匆匆来到医院，由于心里害怕，叫了卡伊姆一起去。这时，萨特被医生安置在特别护理病房，目前看来呼吸正常，但人已经迷迷糊糊了。

3月21日，波伏娃再次去医院，医生告诉她，萨特是由于肺水肿并发高烧使得他不停地胡言乱语。

几天之后，萨特的烧终于退下去了，虽然不再乱说话，但身体看起来非常虚弱。萨特好像还不知道自己的病情有多严重，他对波伏娃表示，希望能够尽快出院，他想在复活节去贝尔伊莱度假。他重复道："噢，是的，我多么希望能够去那里啊，这样我们就可以忘记这里的所有噩梦！"

没过两天，萨特的病情又开始反复，他仿佛感受不到死神马上就要来临，又或许在心理上他逃避去想令人绝望的结果，他努力打起精神，说道："我实在很不喜欢这里，不过还好，我们很快就会离开这里的,我们要去一个自由自在无人的小岛度假。"

一天,波伏娃从病房里走了出来,这是为了让别的探视者进去,因为医院规定,萨特一次只能见一个人。波伏娃忧伤地坐在候诊室的走廊的长凳上。突然,她听到两位医生谈到了萨特的病情,"尿毒症"这个词一下就钻进了波伏娃的耳朵。她猛地扑向医生,边哭边说:"请你一定要答应我,不要让他知道自己快要死了,不要让他在死前产生不安的情绪,不要让他感到丝毫的痛苦!"

"我答应你,夫人。"医生沉重地说道。

当波伏娃转身要回萨特的病房时,医生又喊住了她,郑重其事地对她说道:"嗯,我想让你知道,我答应你的事一定会做到的,并非说说而已。"

波伏娃感激地点了点头,表示信任。

现在,萨特的情况已经糟糕到了极点,他开始长痔疮,膀胱的功能很差,他极少下床,整天躺在病床上。他坏掉的肾已经没有血液循环,完全不起任何作用。要挽救生命就得做换肾手术,可对萨特来说,他的身体已经无力承受了。即使动手术,这种血液循环的阻滞也会让大脑缺乏供给,使它最终衰竭。

最后,医生认为只有一种可能,那就是尽量让他安宁、没有痛苦地死去。

但到了生命最后的两天,萨特自己也感觉到大限已到了。那天,波伏娃去看他,他紧闭着眼睛,握着她的手,轻声地说道:"海狸,我亲爱的海狸,我非常爱你!"

到了4月14日,波伏娃去看他时,他还迷糊地睡着,偶尔醒来说一些听不清的呓语,眼睛始终没有睁开,他做了一个把嘴唇给波伏娃的动作,波伏娃轻轻地吻了他的嘴和脸。接着,萨特又迷糊地睡过去了。萨特的举动是异乎寻常的,他在用这种方式和波伏娃告别。

第二天上午，波伏娃像往日一样打电话询问萨特的情况，护士回答起来有些犹豫。波伏娃立即扔下电话赶往医院，只见萨特奇怪地喘着粗气，但人却处于昏迷状态。护士告诉她，萨特头天晚上就一直这样了。

波伏娃一直在他身边守到了下午6点，然后卡伊姆来接替她，波伏娃叮嘱卡伊姆一有情况马上给自己打电话。

到了晚上9点，电话铃响了，波伏娃一听就有不祥的预感，她控制不住自己，全身都在颤抖。一拿起电话，那边卡伊姆就哭着喊道："完了！"

波伏娃立即赶到医院，萨特已经停止了呼吸。

4月15日晚上9点，萨特在医院病逝，享年75岁。

萨特病逝的消息一传出，整个法国都轰动了，报纸、电台、通讯社以最快的速度纷纷向外发布消息。

4月19日，葬礼举行的那天，除了各界好友及政府要员，还有六万名群众自发地从法国各地、世界各个角落赶来，他们静默地加入到送葬的行列。灵车缓缓到达蒙巴纳斯公墓时，公墓的周围早已人山人海。

人们都说，除了上世纪大作家雨果的葬礼，还未见过如此感人的场面。然而，这就是一个拒绝诺贝尔奖的获奖者，一个时代伟大的作家。他是希望，他是照亮黑暗的灯塔！

附录

萨特生平

1905年6月21日，在法国巴黎一个富裕阶层的家庭里，伟大的作家萨特出生了。他的父亲是个海军工程师，在萨特刚满1岁时，因患肠热病去世。

于是，母亲玛丽不得不带着幼小的萨特前往阿尔萨斯。在那里，母子俩将和玛丽的做德语教师的父亲一起生活。对萨特来说，外祖父家里的知识氛围让他在写作和文学的道路上受益匪浅。

打从3岁起，萨特就患上了角膜翳，导致他的右眼斜视，并且在他人生最后的岁月里眼睛逐渐失明。当他初入学校时，周围的小朋友嘲笑他是"丑八怪"，这让萨特感到孤单又自卑，然而他很快就从书中发现了一个崭新的世界。

最初，萨特在蒙田的公立学校上学，外祖父要求校长让已经会读书的萨特直接上8年级，但很快因为基础差而被要求从低年级开始就读。

萨特10岁时，进入了巴黎亨利四世公立学校，不久之后，母亲改嫁，他就随母亲及继父移居到拉罗舍尔市，并入该市的中学。三年后，他又随外祖父重新就读亨利四世学校。在就读了两年后，家里让他在路易大帝中学读大学预科，经过积极的备考，萨特顺利考上了巴黎高等师范学院，攻读哲学。

在大学的学习期间，萨特遇到了西蒙·波伏娃，从此，波伏娃成为了他形影不离的终身伴侣。1938年4月，萨特的《恶心》由伽利玛出版社出版。尽管不是特别畅销，但评论界反应不错。不久，伽利玛出版社将萨特的《墙》、《一个工厂主的童年》、《艾罗斯特拉特》等几篇已发表的小说合在一起出版，以《墙》作为小说集名字。这本小说集很受欢迎。因此，萨特也逐渐有了名气。

1939年萨特入伍，1940年被德军俘虏。在德国战俘营，他编导组织话剧《巴里奥那——神之子》。后来，他以眼睛有疾病为理由说服了德军，他说自己根本就不可能打仗，德军最后相信了他，并误释了他，萨特得以逃出战俘营。

1943年，萨特完成了人生重要的一部哲学专著——《存在与虚无》，确立了自己的思想体系。1944年9月，萨特创立《现代》杂志。1946年，他的著作《存在主义是一种人道主义》、《死无葬身之地》、《可敬的妓女》、《关于犹太人问题》、《戏演完了》相继出版。

对于戏剧，萨特也充满兴趣。1943年，伽利玛出版社为他出版了题为《苍蝇》的剧本。1964年，因这部作品萨特获得了诺贝尔文学奖，然而，萨特毅然拒绝了这个奖项。他的理由是，他一向不接受来自官方的荣誉，而在晚年的口述中，他表示拒领奖，是因为诺贝尔奖把作家和文学分出了不同的等级。

第二次世界大战后，他开始"介入"政治活动。20世纪50年代初期，在政治上，萨特逐渐倾向共产党，并成为共产党的同路人。60年代，美国发动侵略越南的战争，对此，萨特坚决反对，并以执行主席的身份，参加了一个审判美国在越南的战争罪行的法庭。70年代初，萨特的身体开始出现一些病症，就在这时他还继续研究福楼拜，并写出了《家庭的中白痴——古斯塔夫·福楼拜》。

到了1973年，萨特的眼睛几乎完全失明。他的日常生活由波伏娃和他的养女来照顾。1980年3月20日萨特因肺水肿入巴黎勃鲁塞医院，4月15日晚9时病逝于医院。他的骨灰葬入蒙巴纳斯公墓。

拒领诺贝尔奖的声明

　　我感到非常遗憾，这是一件引起争议的事情：诺贝尔文学奖的奖金授予我，但我拒绝了。造成这个结果，是因为我没有更早地知道这个消息。在10月15日，我在《费加罗文学报》上读到了一条消息，文章说，今年瑞典科学院最有可能把奖金颁给我，不过那时，结果还没有最后敲定。其实，那时我就想，只要马上写一封信给瑞典科学院（第二天，我就把信发出去了），我就可以改变这个结果，然后，没过多久，大家就会把我忘掉。

　　那时，我还不知道这是一个不征求受奖者意见的奖项。我自认为，去信加以阻止就能够改变结果。然而，我现在知道了，瑞典科学院作出这个决定后，结果就不能更改了。

　　我拒绝这个奖，理由与瑞典科学院无关，也与诺贝尔奖本身无碍，正如我之前寄去瑞典科学院的信中说明的那样，我提到了两方面的理由：个人的理由与客观的理由。

　　个人的理由如下：对这个奖项的拒绝，并非出自一个草率的决定，因为一直以来，我都谢绝了来自官方的荣誉。比如，在战争结束后，有人提议给我颁发荣誉勋章，然而我拒绝了。这种态度，来自我对作家这个工作所持的看法。作为一个作家，他所能够获得的一切荣誉，都会让其读者产生一种引导与压力，我认为这是要不得的。

　　假如我接受这类荣誉，很可能就会把授予我荣誉称号的团体或机构也牵涉进某些事情中去。比如，我对委内瑞拉的游击队抱同情和支持的态度，本来这件事只会关系到我自己。然而，假如说是诺贝尔奖获得者萨特支持委内瑞拉的抵抗运动，那么，我很可能把这个机构里其他诺贝尔奖的得主全都牵扯进去了。因此，我认为作家应该拒绝被转变成一个机构，哪怕是诺贝尔奖这样令人尊敬的荣誉组织。

这是完全出自我个人的态度，并没有一丝一毫指责过去获得诺贝尔奖的作家。而且，实际上，我对过去某些获奖者非常尊敬，我以此认识他们感到是我人生最大的荣幸。

我的客观理由是这样的：

在当前的文化战线上，主要是为东、西方两种文化的共存而进行的斗争。我并不是说，双方很快就能相互融合，而且我很清楚，在这两种文化之间，对抗势必以冲突的形式存在，但我认为这种冲突，应在人和人、文化与文化之间相互磨合，而机构则无须参与。

诺贝尔奖本身，并不属于西方集团的一项文学奖。然而，它实际上已经成了这样的一个文学奖。不过，很多问题，也许瑞典文学院的成员也身不由己。就目前的情况来看，诺贝尔奖在客观上，表现为给予西方作家和东方叛逆者的一种至高荣誉。如，智利的一位伟大的诗人聂鲁达就没有获得这项殊荣。还有，对路易·阿拉贡人们也从来没有严肃地对待，而他，却是最应该获得这一荣誉的。

瑞典科学院给我的理由中提到了"自由"，这是一个能引起很多解释的词语。在西方，人们理解的，也许是本质的自由，而我所理解的，是另一种更为切实、具体的自由，它在于人们是否有吃饭的权利。如果我接受了，那就意味着，我就顺从了，所谓的客观成果所致。而我在一篇文章上看到，说人们"不计较我过去那些政治上的争议"。然而，我知道这篇文章其实并不代表科学院的意见，但文章却清楚地表明，如果我接受这个奖，右派方面会做作出怎样的反应。

最后，关于钱的问题，我想说几句。获奖者同时获得的一笔巨款，对获奖者而言，是肩上无比沉重的东西，若接受这笔奖金，用这笔钱去支援我所支持的组织或抵抗运动，如就我来说，我也许会想到伦敦的南非种族隔离委员会。他们或者因为一般的原则，而谢绝我的资助，这样，我想对该运动资助的可能就被剥夺了。不过，很显然，这并不是最主要的问题，主要的是，因为我个人不愿被机构化，无论东方，还是西方。然而，你们也不能为了这个奖项的奖金而要求我放弃自己的原则，因为所有这些原则并不仅仅对你们而言，要知道，这也是人所共识的。因此，我对我作出的拒绝行为感到万分抱歉。

最后，我谨向瑞典公众表示我最诚挚的谢意。

获奖时代背景

1964年10月22日，瑞典皇家科学院决定授予萨特该年度的诺贝尔文学奖。他的作品因"充满自由精神与探求真理的激情，对我们的时代产生了深远的影响"成为获奖的理由。

获奖作品为戏剧《苍蝇》，这是一部存在主义的典型作品。剧中，萨特主张"自由是人的命运"，他把背景放在巴黎沦陷的时期，社会黑暗，法国人民期盼解放的到来，期盼自由的到来。

对皇家科学院授奖的决定，萨特作出了一个令人匪夷所思的举动，他立即就给瑞典科学院起草了一份拒绝接受诺贝尔文学奖的声明，理由是："谢绝一切来自官方的荣誉"。

他成了第一位出于主观意志拒领诺贝尔文学奖的人，一时之间，舆论哗然，举世震惊，各种评论像决堤的狂涛一般，剧烈地激荡着这个波诡云谲的冷战时代。萨特默默地抵抗着来自四面八方的攻击，承受着劈脸而来的责备乃至辱骂和污蔑，他承受着人们强加给他的各种仇恨。

萨特作出这个决定，最主要的原因是来自政治方面的因素。在萨特看来，冷战时期，诺贝尔文学奖的文学权威性值得怀疑，它似乎还在为某一种意识形态服务。

当时的世界局势，呈现着明显的东西方对垒的状态，两个集团明争暗斗，互不相让。战争随时都可能爆发，整个人类文明可谓命悬一线。发生在1960年的古巴导弹危机，就最能说明这种情况的激烈程度。尽管事件的最终结果双方都心平气和地坐在了谈判桌前，但由于这个事件所造成的多米诺骨牌效应已经无时无刻不在威胁着世界的和平。这一时期，世界总形势可以概括为：整体和平，局部战争；整体缓和，局部动荡。

萨特在拒绝奖项的声明中，有这样一段话，体现了他拒绝这个奖完全是出于政治因素的。他说："1958年，帕斯捷尔纳克和肖洛霍夫两位候选人，瑞典文学院把奖颁给了前者，而且他获奖的作品，在其国家是一本禁止出版的书，并在外国首先出版发行，评委们的决定实在令人不能理解。想要恢复平衡，大可从反方向做相同的举动。"

因此，人们看到，萨特拒绝领这个奖实际上也算是从反方向所作出的一个举动。

萨特年表

1905年6月21日，让·保尔·萨特生于巴黎一个海军军官家庭。

1906—1911年，萨特的父亲因患肠热病去世后，萨特和母亲搬到外祖父家住。

1911年，随外祖父移居巴黎勒哥夫街。

1912—1913年，开始读福楼拜的著作，并开始练习写小说。

1913年，就读于蒙台涅中学。

1915年，入巴黎亨利四世中学，成绩"全面优秀"。

1916—1920年，母亲改嫁，随母亲及继父移居拉罗舍尔市，并入该市的中学。

1920年，重返巴黎亨利四世中学就读。

1922年，中学毕业。

1922—1924年，在路易大帝中学读大学预科，准备考巴黎高等师范学院。

1923年，发表小说《有病的天使》、《猫头鹰耶稣——一位外省教师》。

1924年，与同学保尔·尼让一起考入巴黎高等师范学院，攻读哲学。

1928年，大学毕业，得到哲学博士学位。

1929年，遇到西蒙·波伏娃，并与她成为终身伴侣。

1931年2月，任教于勒阿弗尔中学。6月，出版《关于真理的传说》。年底，开始写论偶然性的论文，此为《恶心》初稿。

1933年9月，公费留学柏林，攻读胡塞尔现象学。

1934年在柏林完成《恶心》第二稿。9月回到勒阿弗尔中学，继续任教。

1936年出版《论想象》。萨特、西蒙·波伏娃与奥尔加开始过"三重奏"的共同生活。

1937年，在巴黎巴斯德中学任教。《论自我的超验性》出版。

1938年3月，出版《恶心》，获舆论界好评。

1939年1月，发表小说集《墙》。

1940年，在德国战俘营。编导话剧《巴里奥那——神之子》。

1941年3月底获释。9月在孔多塞中学任教，写剧本《苍蝇》。

1942年，发表一部分日记，写完《苍蝇》剧本。

1943年4月，出版《苍蝇》，6月2日，首次演出。夏初，出版《存在与虚无》。

1944年9月，建立《现代》杂志编委会。马尔罗拒绝参加。与海明威相见。

1945年，《密室》出版。长篇小说《自由之路》之第一部《懂事的年龄》和第二部《延缓》同时出版。10月15日，《现代》杂志第一期出版。

1946年，《存在主义是一种人道主义》、《死无葬身之地》、《可敬的妓女》、《关于犹太人问题》和《戏演完了》出版。

1947年发表《境况种种》第一集、《论博德莱》和《戏剧》第一集。

1948年，发表《肮脏的手》、《境况种种》第二集以及电影剧本《啮合》。2月，前往柏林参加《苍蝇》演出仪式。4月2日，《肮脏的手》首次公演，极为成功。

1949年，出版《自由之路》第三部《心灵之死》、《境况种种》第三集和《关于政治问题的谈话》。

1951年，纪德逝世时，著文哀悼。6月7日，《魔鬼与上帝》首次公演，《肮脏的手》拍成电影。

1952年，发表《圣热内——喜剧作家受折磨的人》。8月，发表《致加缪书》，与加缪的友谊从此断绝。

1953年1月，到法兰西学院参加默里奥·彭迪首次开课仪式。3月，再次与莫里哀争论。默里奥·彭迪正式辞去《现代》编委职务。7月，到罗马改编大仲马原著《金恩》。

1954年，第一次访问苏联。回巴黎在《解放报》和《团结报》发表访苏观感。

1955年6月，《涅克拉索夫》首次上演。

1956年，与伽罗第探讨比较存在主义与马克思主义的方法，研究福楼拜。10月，匈牙利事件爆发，萨特对《快报》发表声明，谴责苏联，辞去法苏友协职务。

1957年，支持波兰等东欧国家的共产主义。开始写《辩证理性批判》。

1958年5月，上街游行反对戴高乐重新上台。

1959年9月，《阿尔及利亚的被监禁者》首次公演，获得成功。

1960年《辩证理性批判》出版。

1961年底，到罗马参加葛兰西学院组织的"论主观性与马克思主义"的讨论会，重新研究福楼拜。

1962年1月7日，住处再次被炸。

1963年，发表《字句》。

1964年，拒绝领诺贝尔文学奖。

1965年，《特洛伊城女人》首次公演。

1966年7月，接受罗素的邀请，同意成立国际战犯审判法庭，调查发动越南战争的战犯罪行。

1967年11月至12月，在丹麦哥本哈根召开国际战犯审判法庭第二次审判大会。

1968年1月，患动脉炎，未去哈瓦那参加文化会议。11月前往捷克，参加《苍蝇》和《肮脏的手》的公演仪式。

1969年1月30日，母亲去世。

1970年6月20日及26日上街叫卖报纸，受警方拘禁质询，旋被释放。

1971年5月，出版《家庭中的白痴》的第一、二卷。

1972年，出版《家庭中的白痴》第三卷及《境况种种》第八、九集。

1973年，出版《境况剧》。

1974年，出版《造反有理》。夏天，开始向西蒙·波伏娃讲述生平事迹。

1975年6月21日，70岁生日，《新观察家》发表米谢·贡达访问记，以《七十岁自画像》为题连载三期。

1976年出版《境况种种》第十集。《萨特自演》电影拍成。

1977年，发表《权利与自由》、《沙特与妇女》、《论音乐的谈话》及《自由与权力并不是并列而行的》。

1978年，在养女埃尔·卡伊姆陪同下，去耶路撒冷，会见被占领地区巴勒斯坦知名人士。

1979年6月，与雷蒙·阿隆一起为越南难民向总统请愿，要求政府救济越南难民。

1980年3月20日,因肺水肿入巴黎勃鲁塞医院。4月15日晚9时病逝于医院。骨灰葬入蒙巴纳斯公墓。

获奖当年世界大事记

（1964年）

2月18日，周恩来提出援外八项原则。

3月31日，巴西军事政变，军人统治时期开始。

4月1日，日本解除外汇限制。

4月26日，坦噶尼喀和桑给巴尔两个非洲东部国家合并，组成坦桑尼亚联合共和国。

5月28日，巴勒斯坦人国民大会在耶路撒冷阿拉伯区开幕，会议决定建立巴勒斯坦解放组织。

6月16日，七十七国集团成立。

7月2日，美国总统约翰逊签署民权法案。

7月6日，尼亚萨兰成为英联邦内的独立国家马拉维。

8月11日，智利同古巴断交。

9月21日，马耳他独立。

10月15日，威尔逊任英国首相。

10月22日，萨特拒领诺贝尔文学奖。

10月29日，中国与赞比亚建交。

11月5日，周恩来率代表团参加十月革命47周年纪念活动。

12月24日，越南西贡美军军营发生大规模爆炸事件。